고양이에게는 하루 1시간 놀이가 필요해

일러두기
- Q&A 코너 속 집사들의 사연은 병원과 강의에서 진행한 실제 상담 내용을 토대로 하여 각색한 것입니다.
- 책 속에 수록된 사진들은 보호자의 동의 하에 직접 촬영했거나 저작권 허가가 모두 완료된 것임을 밝힙니다.

고양이에게는 하루 1시간 놀이가 필요해

김효진
지음

놀이 타임!

위즈덤하우스

 프롤로그

건강하고 행복한 묘생을 위해, 하루 1시간 맞춤 놀이 솔루션

혹시 외출 전에 고양이가 좋아하는 영상을 틀어주고 집을 나선 적이 있나요? 집사라면 누구라도 '우리 고양이, 집 안에서 혼자 심심하지 않을까?' 하고 걱정해본 적이 있을 겁니다. 고양이 이미지에 대해 그려보라고 하면, 따뜻한 햇살이 내리쬐는 창가에서 나른하게 누워 있는 모습을 떠올리는 사람들이 많을 텐데요. 사실 고양이는 야생의 본능이 남아 있는 동물입니다. 야생에서 쥐를 잡던 날쌘 사냥꾼의 본능이 우리 집 고양이 몸 안에 아직도 살아 숨 쉬고 있는 것이지요. 즉, 집사가 봤을 때에는 고양이가 여유롭게 낮잠을 즐기는 것 같아도, 사실 고양이는 아주 심심하고 권태로운 상황일 수도 있습니다. '육식 동물, 독립적인 동물, 영역 동물'로서의 자신의 본능을 해소하지 못한 채, 집사가 집에 돌아오기만을 하염없이 기다리면서요.
호랑이와 고양이는 닮은 점이 많습니다. 호랑이를 사방이 시멘트로 만들어진 작은 방에 가두면 어떤 일이 일어날까요? 넓은 초원이나 숲속을 자유롭게 누비던 호랑이는 방 안에 갇힌 순간부터 본래의 야생성을 발휘하지 못해 답답함을 호소하겠지요. 호랑이는 의미 없는 움직임을 계속하거나 머리를 찧는 정형 행동을 보일 수 있습니다. 우리 집 작은 사냥꾼인 고양이도 마찬가지예요. 따라서 고양이의 건강하고 행복한 묘생을 위해 집사들은 집 안에서 고양이가 야생의 본능을 충족할 수 있도록 도와주어야 합니다. 그렇지 않으면 고양이는 작은 우리에 갇힌 호랑이와 같은 신세가 될 수 있습니다.

그렇다고 집 안에 쥐를 풀어놓을 수도 없는 노릇이라, 집사들은 어떻게 해주어야 할지 고민이 많습니다. 이때, 집 안에서 손 쉽게 집사가 고양이의 야생 본능을 충족시켜주고 묘생에 활력을 줄 수 있는 방법은 무엇일까요? 바로 '놀이'입니다! 낚싯대와 장난감을 쫓는 행위를 통해 고양이는 육식 동물로서의 사냥 본능을 해소할 수 있습니다. 또한 집 안 곳곳에 숨어 있는 장난감을 찾아다니면서 탐색의 즐거움 역시 충족시킬 수 있지요. 이렇듯 놀이는 단순히 심리적인 즐거움을 넘어서, '고양이를 더욱 고양이답게' 만들어주는 묘생 필수 요소인 것입니다.
만약 우리 집이 다묘 가정이라면, 집사가 굳이 놀아주지 않아도 고양이들끼리 이런 놀이 욕구를 충족할 수 있지 않을까 기대하시나요? 이미 여러 마리의 고양이를 키우고 있는 집사들이라면 공감하겠지만, 고양이들이 집사의 소망처럼 다정하게만 지내는 것은 절대로 아닙니다. 옆에 친구가 있어도 고양이는 외롭거나 심심할 수 있어요. 따라서 다묘 가정에서도 한 고양이의 야생 본능과 활력을 다른 고양이가 해소해줄 것이라고 기대하지 말고, 집사가 각각의 아이들에게 별개의 놀이 시간을 제공하는 것이 좋습니다. 놀이는 더 나아가 다묘 가정 고양이들의 문제 행동을 해결해주고, 서로 다정한 사이로 거듭나게 하는 아주 훌륭한 도구가 되기도 합니다.

이제는 '집사가 고양이와 꼭 놀아주어야 한다'는 것을 알고 있는 집사들이 많아졌지만, 저녁 늦게 집에 들어와서 한차례 낚싯대를 휘두르는 것만으로 고양이가 충분히 만족할 수 있을까요? 아예 놀아주지 않는 것보다는 훨씬 낫지만, 고양이의 현재 상황과 기질별로 필요한 놀이법은 따로 있다는 사실을 집사들이 기억했으면 좋겠습니다. 어릴 때에는 하루 종일 잘 놀았었는데 나이가 들면 장난감에 대해 시큰둥해지는 경우도 많지요? 또 고양이가 갑자기 살이 찌면 움직이기 귀찮아 하기도 합니다. 이렇듯 고양이의 욕구는 자주 변하고 무척 다양하기 때문에 집사는 고양이 상황별로 세부적인 놀이 원칙들을 잘 알고 있어야 합니다. 그래야 고양이는 놀이 본능을 유지하며 활력적인 삶을 살 수 있습니다.

『고양이에게는 하루 1시간 놀이가 필요해』를 통해 제가 수의사로서 강조하고 싶은 메시지는 '하루 1번, 30분 놀아주는 것은 충분하지 않다'는 것입니다. 하지만 집사도 바쁘기 때문에 늘 고양이 옆에만 붙어 있을 수는 없는 노릇입니다. 따라서 집사와 함께 하는 놀이에 더해, 집사가 없을 때에도 고양이가 심심하지 않도록 우리 집을 고양이 놀이터로 꾸미고, 고양이 혼자서도 장난감을 가지고 놀 수 있도록 해주어야 합니다. 이러한 3가지 놀이 방법을 매일 일정한 루틴을 가지고 제공한다면 고양이의 신체적 활동뿐 아니라 심리적 만족감까지 충족시켜 줄 수 있습니다. 이런 기본 원칙 외에 아깽이, 뚱냥이, 소극냥이, 노령묘 등 상황별 맞춤 놀이 솔루션을 이 책에 세세하게 담았습니다. 또 장난감을 구매하는 것에 대해 고민이 많은 집사들을 보며, 집에서 쉽게 구할 수 있는 재료들을 활용한 초간단 집사표 장난감 만들기 과정도 함께 수록했습니다.

책의 첫 장을 시작하며, 이 책이 만들어지기까지 오랜 시간 애써주신 분들을 한 분씩 떠올립니다. 24시센트럴동물메디컬센터 식구분들, 저를 믿어주신 김소정 에디터님, 세상에서 가장 귀여운 고양이 그림을 그려주신 낭낭 작가님, 책을 멋지게 디자인해주신 조성미 디자이너님, 고양이 장난감을 함께 개발하는 스쿱 직원분들, 그리고 마지막으로 고양이를 사랑하는 마음 하나로 제 진료실과 강연에 찾아와주시는 모든 집사분들께 진심으로 감사의 인사를 전합니다. 따뜻한 마음들이 모여 저의 두 번째 책, 『고양이에게는 하루 1시간 놀이가 필요해』가 만들어졌습니다. 부디 이 책이 우리 고양이의 삶의 질을 높이고자 오늘도 고민이 많은 집사분들께 속시원한 놀이 지침서가 되기를 바랍니다.

김효진 수의사 드림

프롤로그
건강하고 행복한 묘생을 위해, 하루 1시간 맞춤 놀이 솔루션
004

PART 1
알쏭달쏭한 고양이 마음, 놀이로 이해해요

집 안에 있는 고양이는 심심해요 012
우리 집 고양이, 지금 행복할까요? ● 고양이에게는 야생의 본능이 남아 있어요 ● 이미 형성된 기질을 바꾸기는 어려워요 ● 고양이와 호랑이의 닮은 점

고양이의 야생 본능 이해하기 017
첫 번째, 고양이는 사냥을 하는 육식 동물 ● 두 번째, 고양이는 독립적인 동물 ● 세 번째, 자신만의 영역을 가지는 영역 동물

고양이 마음에 쏙 드는 필수 자원 배치법 021
밥 그릇과 물 그릇 위치 ● 화장실 위치 ● 여러 개의 화장실을 둘 때 주의할 점 ● 은신처와 휴식 공간 위치 ● 스크래처 기능과 위치 ● 놀이 기회도 필수 자원 ● 필수 자원, 몇 개씩 마련해야 할까? ● 우리 집은 작은데 고양이 수가 너무 많다면?

고양이와도 친해질 수 있을까? 029
고양이는 어떻게 사회화가 되었을까? ● 고양이가 사람과 함께 살게 된 배경 이해하기 ● 고양이는 특별하고 도도한 존재 ● 고양이 사회화, 언제 결정될까? ● 고양이의 기질은 잘 변하지 않아요 ● 고양이는 나쁜 경험을 쉽게 잊지 못해요

Q & A 고양이가 낯선 손님을 무서워해요! 034

고양이는 정말 혼자 있어도 외롭지 않을까? 037
집사를 쫓아다니면서 큰 소리로 야옹야옹 울어요 ● 고양이 분리불안증

다묘 가정에서는 고양이가 외롭지 않을까요? 039
고양이들이 서로 친할 때 보이는 행동 ● 페로몬으로 서로 친해져요 ● 싸울 때 놀이로 풀어줄 수 있어요

놀이는 고양이를 행복하게 해요 044
즐거운 묘생을 만드는 가장 쉬운 방법 ● 고양이의 5대 즐거움 ● 탐색의 즐거움, 퍼즐 장난감으로 해소해요! ● 음식을 먹는 즐거움도 더 커져요

다이어트, 스트레스 해소, 행동 교정까지! 047
뚱냥이, 놀이로 살을 뺄 수 있어요 ● 고양이도 스트레스를 받아요 ● 아기 고양이 행동 발달과 예절 교육 ● 노령묘의 인지력 유지

PART 2
중요해요! 고양이 마음을 사로잡는 놀이 원칙

고양이가 놀고 싶어하는 자세 시그널 052
배를 보이며 뒹굴뒹굴 굴러요 ● 옆에 다가와서 몸을 쭉 세워요 ● 옆으로 다가와요 ● 수평으로 깡충깡충 뛰어요 ● 두 발로 서요 ● 앞발로 때려요

집사 상식 **고양이가 놀 때는 싸울 때와 이렇게 달라요** 054

고양이는 새로운 것을 좋아해요 058
장난감은 곧 고양이의 사냥감! ● 똑같은 장난감을 새 것처럼 느끼게 하는 방법

집사 상식 **익숙할수록 도움이 되는 필수 자원도 있어요** 060

장난감, 어떻게 보관해야 할까요? 062
장난감을 꼭 치워야 하는 이유 ● 놀다가 실을 삼키면 큰일 나요!

사냥을 최대한 비슷하게 흉내내주세요 065
1단계 : 사냥감 탐색하기 ● 2단계 : 사냥감 미행하기 ● 3단계 : 사냥감 추적하기(빠르게 쫓기) ● 4단계 : 사냥감 덮치기 ● 5단계 : 사냥감 잡기 ● 6단계 : 사냥감 다듬기

집사 상식 **고양이의 비밀스러운 3가지 영역** 070

음식 포상을 잊어버리지 않았나요? 071
음식 포상은 고양이에게 만족감을 선사해요 ● 음식 포상, 언제 어떻게 주는 것이 좋을까? ● 행동 교육을 위해 간식을 줄 때 주의사항

집사 상식 **고양이 간식 주는 요령** 073

얼마나 놀아주어야 할까? 075
짧지만 강하게 놀아주세요

Q&A 자기가 쓰다듬어달라고 해놓고, 갑자기 왜 깨물까요? 076

놀이 루틴을 정해주세요 078
정해진 일과, 루틴이 중요해요! ● 노령묘 놀이 시간

좌절감을 주는 장난감은 피하는 것이 좋아요 080
레이저 포인터, 정말 좋은 장난감일까? ● 밤새도록 어항을 보는 고양이, 정말 행복할까? ● 영상을 보는 고양이

집사 상식 **고양이가 좌절감을 느낄 때 보이는 행동** 082

PART 3
고양이도 집사도 행복한 하루 3가지 놀이 루틴

놀이 루틴 ①
혼자 있는 고양이를 위해 우리 집을 놀이터로 만들어요

고양이가 혼자서도 잘 놀 수 있는 환경 만들기 087
우리 집을 고양이 놀이터로 만들어요! ● 퍼즐 장난감의 효과적인 활용법 ● 고양이가 퍼즐 장난감에 익숙하지 않다면?

　집사 상식　하루 급여량을 퍼즐 장난감에 나누어 먹여요 090

공간별 놀이터 만들어주기 092
집 안 구석, 빈 공간을 활용해요 ● 높은 휴식 공간 만들어주기

고양이를 위한 안전한 실내 정원 만들기 095
고양이 실내 정원, '캐티오'란? ● 베란다나 큰 창문 주변을 캐티오로 만들어요

　집사 상식　고양이에게 위험한 식물은 무엇일까요? 097

창문은 고양이를 위한 스마트폰 100
캣타워는 창문 옆이 좋아요 ● 창가 옆에 선반을 달아요 ● 창문으로 스트레스를 받는 예외 상황

집사가 외출한 사이, 영상 활용법 102
고양이는 어떤 영상을 좋아할까? ● 다묘 가정의 영상 활용법 ● 아이패드로 고양이와 놀 수 있다고?

　집사 상식　캣휠, 스크래처로 운동시키기 104
　Q & A　하루 종일 냉장고 위에 있는 첫째 106

놀이 루틴 ②
집사와 함께 하루 30분~1시간 꼭 놀아요

요일별로 다른 낚싯대를 꺼내 써요 109
월화수목금토일 낚싯대 활용법 ● 낚싯대 한 개로 여러 가지 효과 누리기 ● 공간을 다면적으로 이용하는 것이 좋아요 ● 낚싯대 놀이는 최대한 사냥과 유사하게! ● 손가락보다 낚싯대로 놀아주는 것이 좋아요

　Q & A　고양이가 손을 자꾸 깨물어요! 113
　집사 상식　고양이 놀이 공격성 117

놀이 루틴 ③
혼자서도 잘 놀아요! 장난감 활용법

고양이가 혼자 놀 때는 오감만족 장난감 123
시각적으로 매력적인 장난감 ● 청각을 자극하는 장난감 ● 고양이 후각의 비밀 ● 물고 뜯는 촉각 만족시키기

캣닢, 마따따비 활용법 128
고양이가 우울할 때는 캣닢! ● 캣닢, 먹어도 될까? ● 행복감을 선사하는 마따따비

　Q & A　움직이는 장난감을 사주었는데 심드렁해요 131

PART 4
우리 집 고양이 맞춤 놀이 솔루션

아깽이 놀이 교육의 중요성 134
놀이는 아기 고양이의 정상적인 발달 과정 ● 아기 고양이를 위한 키튼 클래스 ● 천천히 다가가세요 ● 아깽이에게 좋은 첫 인상 심어주기 ● 발톱깎이도 무섭지 않아요 ● 드라이기 소리도 겁나지 않아! ● 사람의 환경에 익숙해지도록 도와줘요 ● 놀이는 성숙한 고양이로 거듭나게 해요 ● 아기 고양이에게 매너를 알려줘요 ● 아기 고양이에게도 놀이 원칙은 중요해요! ● 아깽이의 활동 시점에 놀아주세요

Q&A 아깽이가 새벽에 우다다가 너무 심해요 141
Q&A 고양이가 밤마다 문을 긁어서 잘 수가 없어요 143

노령묘를 위한 놀이 145
고양이가 예전만큼 놀지 않아요 ● 고양이의 치매 : 인지 장애 증후군 ● 낮과 밤을 구분하지 못해요 ● 방향성을 잃어요 ● 집사를 대하는 태도도 바꿔어요 ● 새로운 자극이 필요해요 ● 집중력과 감각을 일깨우는 노즈워크 활용 ● 노령묘 놀이 시간은 어떻게? ● 노령묘를 위한 집 안 환경 만들기 ● 노령묘 용품 고르는 방법 ● 노령묘를 위한 휴식 공간을 만들어주세요

집사 상식 고양이 인지 장애 증후군 관리법 151
집사 상식 고양이 나이 계산은 어떻게 하나요? 153

다묘 가정 놀이법 154
같이 놀아줄까요, 따로 놀아줄까요? ● 사회적 그룹으로 나누어 놀아주기 ● 고양이 그룹, 어떻게 만들어줄까? ● 사회적 그룹은 바뀔 수 있어요 ● 따로 놀아주면 다른 고양이들이 방해해요 ● 다같이 재미있게 노는 방법

Q&A 둘째가 자꾸 첫째가 화장실 가는 길목을 지켜요 161
집사 상식 페로몬을 이용해서 고양이들을 사이좋게 만들어요 163

뚱냥이 다이어트 놀이법 165
우리 집 고양이, 뚱뚱한가요? ● 뚱뚱하면 놀지 않아요 ● 놀이는 곧 운동!

잘 놀지 않는 소극냥이를 위한 놀이법 169
혹시 아픈 건 아닌지 체크해요 ● 아픈 게 아니라면, 왜 놀지 않을까? ● 고양이가 놀고 싶어할 때는 캐치하기 ● 캣닢, 마따따비를 적극 활용하기 ● 놀이에 집중할 수 있는 환경 만들어주기 ● 집사, 최고의 연기자가 되자! ● 짧게, 자주 포상해주세요 ● 수개월 이상 노력해요

PART 5
기특하다옹! 집사표 초간단 고양이 장난감 만들기

휴지심으로 퍼즐 장난감 만들기 176
고양이를 위한 휴식 공간, 숨숨집 텐트 만들기 178

집사 상식 기본 텐트 뼈대를 제공하는 숨숨집 텐트 181

펠트지로 요일별 낚싯대 만들기 182
타워형 휴지심 노즈워크 만들기 184
마분지로 노즈워크 만들기 186

마분지와 휴지심으로 노즈워크 만들기 188
셔츠로 노즈워크 만들기 190
휴지심 공 만들기 192
휴지심 바퀴 장난감 만들기 194
상자와 탁구공을 이용한 장난감 만들기 196
똥손 집사도 쉽게 만들 수 있는 택배 상자 스크래처 198

★부록★ 우리 냥이 놀이 플래너

PART 1
알쏭달쏭한 고양이 마음, 놀이로 이해해요

집사라면 누구나 나의 고양이를 행복하게 만들어주고 싶을 거예요. 과연 어떻게 해야 고양이가 행복할 수 있을까요? 고양이는 사람과는 굉장히 다른 동물입니다. 고양이가 원하는 삶을 만들어주기 위해서는 먼저 고양이가 어떤 본능을 가지고 있는지 이해해야 합니다. 고양이의 본능과 마음을 이해해야, 고양이에게 놀이가 왜 중요한지, 그리고 놀이가 가지는 진정한 의미가 무엇인지 알 수 있습니다.

집 안에 있는 고양이는
심심해요

수족관 안의 돌고래를 보고 '답답하진 않을까?' 생각해본 적이 있나요? 1년에 수만 km를 헤엄치는 돌고래에게 사람이 만든 수족관은 턱없이 비좁아 보입니다. 우리 집에서 지금 나와 함께 살고 있는 고양이, 겉으로 보기에는 아무런 불만이 없어 보이지만 정말 행복하게 지내고 있는 걸까요?

\ 우리 집 고양이, 지금 행복할까요? /

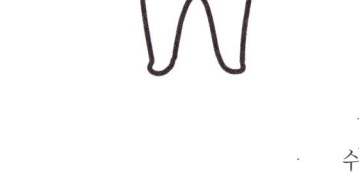

고양이는 '독립적인 동물'이라는 이미지가 강합니다. 그렇기 때문에 고양이는 굳이 여건을 만들어주지 않아도 알아서 자신의 생활을 잘 영위할 것이라는 선입견이 있습니다. 물론 고양이는 밥 양도 알아서 조절할 수 있고, 화장실도 스스로 가릴 줄 아는 독립적인 동물이긴 합니다. 하지만 고양이가 이렇게 멋진 독립 생활을 하기에 집사가 사는 환경이 과연 적절할까요?

사자를 동물원의 좁은 콘트리트 벽 안에 가두어둔다고 생각해보세요. 사자가 정상적인 생활을 할 수 있을까요? 물론 많은 집사들이 "야생 동물인 사자와 고양이는 완전히 다르지 않나요?"라고 되물을 수 있습니다. 오랜 시간 사람과 함께 살아온 고양이라면 사람이 사는 환경에 별다른 노력 없이 적응해서 잘 살 수 있지 않을까 하고 기대하면서 말입니다. 마치 우리의 오랜 친구인 '개'가 그러하듯 말이에요. 하지만 연구에 따르면 고양이는 우리의 다정한 반려동물이기도 하지만, 아직 야생의 본능이 살아 숨 쉬는 동물이기도 합니다.

\ 고양이에게는 야생의 본능이 남아 있어요 /

'가축화(domestication)'라는 말이 있습니다. 가축화란, 어떤 동물군이 인간과 함께 생활하는 것에 완전히 적응하는 것을 말합니다. 단순히 길들여지는 것과 달리, 오랜 세월 사람과 함께 지내면서 해당 동물이 사람과 지내기 쉽도록 유전적으로 변화하는 것을 의미하지요. 대표적으로 개는 인류가 최초로 가축화한 동물입니다. 개의 경우, 가축화되어 있기 때문에 강아지 때부터 특별한 조건 없이도 사람을 좋아하고 사람과 함께 살고 싶어하는 경우가 많습니다.

그렇다면 고양이는 어떨까요? 물론 사람이 사는 집에서 생활하는 고양이가 낳은 아기 고양이라면, 별다른 노력 없이도 사람을 친숙하게 느끼며 잘 지낼 수 있을 겁니다. 그렇지만 만약 야생의 환경에서 태어난 아기 고양이라면 어떨까요? 고양이가 아주 어린 꼬물이 시절부터 길들이기 위해 집사가 노력하지 않는다면, 커서도 사람을 경계하거나 나아가서는 사람을 적대시할 수도 있습니다. 뿐만 아니라 집사가 열심히 노력한 경우라도 고양이를 완전히 사회화시키는 것에 실패하는 경우도 더러 있지요.

\ 이미 형성된 기질을 바꾸기는 어려워요 /

병원에 눈도 못 뜬 아기 고양이가 구조되어 온 적이 있습니다. 고양이를 맡길 곳이 없어서 결국 수의사인 제 친구가 키우게 되었어요. 친구는 눈도 못 뜬 고양이에게 분유를 먹이며 애지중지 키웠지만, 고양이가 다 크고 나서부터는 집 안에서도 친구를 피해 다니고 만지지도 못하게 한다고 했습니다. 대신 집에서 원래 기르던 고양이들하고만 다정하게 지내고는 했지요. 재미있는 점은 고양이가 속으로는 친구를 좋아했는지 친구가 자고 있을 때는 슬며시 옆에 와서 누웠다가, 눈을 뜨면 후다닥 도망을 친다는 거예요. 그리고 시치미를 뚝 떼며 다시 고양이 형제들하고만 어울린다고 합니다. 친구는 "아기 때부터 애정을 주며 키웠는데, 도대체 왜 이럴까?" 하며 속상해했어요. 아기 고양이는 도대체 왜 그랬던 걸까요?

사실 고양이의 사회화는 아주 까다롭습니다. '사회화 시기'는 개의 경우 생후 3~4개월에 이르는 반면 고양이는 대략 2~7주 정도의 아주 어린 연령 때 마무리됩니다. 그런데 사실 이 사회화 시기뿐만 아니라 그전에 작용한 요소들도 고양이의 사회화에 영향을 미칩니다. 아빠와 엄마 고양이의 유전적 기질, 엄마 고양이의 뱃속에 있을 때 스트레스 상황 등이 아기 고양이의 기질을 결정할 수 있습니다.

29쪽 참고
🐟 고양이의 사회화에 대해 더 알아봅시다.

그렇기 때문에 제 친구가 아무리 아기 고양이의 초기 사회화를 위해 노력했다고 하더라도, 이미 유전적 기질이나 임신 기간 중 스트레스 등으로 인해서 아기 고양이의 사회화 수준은 크게 달라지지 않았던 것이지요. 이런 사례들로 미루어볼 때 고양이는 아직 야생의 본능이 많이 남아 있는 '작은 맹수'와 다름 없습니다.

문명화된 사람이 이런 고양이의 기질을 전혀 인식하지 못하고, 야생의 본능을 충족하도록 배려해주지 않는다면 어떻게 될까요? 앞서 이야기한 사자처럼, 고양이는 집 안에 갇힌 불행한 존재가 될 수도 있습니다. 그렇다면 고양이는 도대체 어떤 야생의 특성을 가질까요?

고양이마다 기질이 다른 이유

'고양이 by 고양이'라는 뜻으로 흔히 '고바고'라는 표현을 사용합니다. 아직 고양이의 가축화가 진행 중이기 때문에 사람을 친숙하게 느끼는 반려화 정도가 고양이마다 다르게 나타나기에 생겨난 말입니다. 즉, 오른쪽처럼 사람과 함께 사는 것에 완전히 익숙해진 고양이가 있는 반면, 왼쪽처럼 사람이라면 아주 기겁을 하는 고양이도 있습니다. 길냥이들을 돌본 적이 있다면 이런 차이를 자주 경험해보았을 거예요. 이처럼 개에 비해 고양이들 사이에서 사람을 대하는 것에 차이가 큰 이유는 아직 가축화가 진행 중인 동물이기 때문입니다.

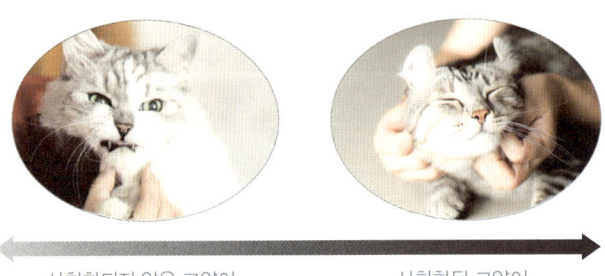

사회화되지 않은 고양이 ← → 사회화된 고양이

\ 고양이와 호랑이의 닮은 점 /

고양이의 야생 본능은 호랑이를 떠올리면 쉽게 이해할 수 있습니다. 호랑이도 아기 때에는 엄마와 형제들과 어울려 지냅니다. 형제들과 서로 쫓고 쫓기면서 사냥을 배우기도 하지요. 이렇게 훌륭한 사냥꾼으로 성장한 호랑이는 차츰 독립성을 갖춰가고, 가족의 곁을 떠나 새로운 영역을 찾아갑니다. 호랑이는 새로운 영역에서는 철저히 홀로 생활하지요. 영역의 경계는 배변이나 오줌으로 표시하고, 혹시라도 다른 호랑이를 만나게 되면 경계하며 영역을 지키기 위해 싸움을 벌입니다. 짝을 찾는 경우가 아니라면 호랑이는 다른 호랑이와 함께 지내지 않습니다.

사냥을 하는 육식 동물

무리 생활을 하지 않는 독립적인 동물

고유의 영역을 가지는 영역 동물

이렇게 호랑이의 생활을 살펴보니, 우리 고양이의 특징이 떠오르나요? 독립적이며 고유의 영역을 가진 멋진 사냥꾼이 바로 현재 우리가 함께 살고 있는 고양이의 숨겨진 본성입니다. 그렇다면 이제 각각의 본능에 대해 알아보겠습니다.

고양이의 야생 본능 이해하기

내 옆에서 다정히 팔베개를 하며 쉬고 있는 고양이! 이 얌전한 친구에게도 야생의 본능이 남아 있다는 것을 잊으면 안 됩니다. 고양이를 행복하게 해주기 위해서는 몸 속에 남아 있는 야생의 본능을 충족시켜주어야만 해요. 그렇다면 어떤 본능이 고양이 속에 꿈틀대고 있는 걸까요?

\ 첫 번째, 고양이는 사냥을 하는 육식 동물 /

사실 고양이는 아주 훌륭한 사냥꾼이에요. 세계적으로 고양이가 가장 많이 사냥하는 사냥감은 바로 '쥐'입니다. 그렇다면 오직 사냥으로만 먹잇감을 구한다면, 고양이는 하루에 몇 마리의 쥐를 사냥할까요? 대략 10~20마리에 달하는 쥐를 잡아야 합니다. 그런데 여기서 우리가 고려해야 하는 것은 고양이의 '사냥 성공률'입니다. 아무리 날쌘 고양이라도 매번 사냥에 성공하는 것은 아니겠지요? 연구에 따라 차이가 있지만, 고양이의 사냥 성공률은 최대 50%를 넘지 않는 것으로 알려져 있습니다.

즉, 고양이는 야생에서는 하루에 최소 20~40번이나 사냥 시도를 하는 아주 활기찬 동물인 것이지요. 연구에 따르면 사람이 기르지 않는 고양이는 하루 24시간 중 절반 정도의 시간을 먹이를 찾는 활동에 쓰는 것으로 알려져 있습니다. 이처럼 고양이가 움직이는 데에는 음식을 찾는 것이 강한 동기가 됩니다.

그런데 사료통이 늘 가득 차 있는 천하태평한 우리 집 고양이는 어떨까요? 항상 먹이가 가득하니 마냥 즐거울까요? 하루 종일 늘어져서 잠만 자니 행복할까요? 실제로 야생 고양이를 포획한 이후 먹이를 찾거나 사냥을 할 수 있는 기회를 제공하지 않으면, 고양이는 정형행동이나 절망감 호소와 같은 부정적인 행동을 하는 것이 관찰됩니다. 이렇듯 고양이는 음식이 제때 제공된다고 하더라도 사냥 본능을 충족시킬 수 없는 환경이라면 묘생의 의미나 행복을 느끼기 어렵답니다.

정형행동이란?
의미 없이 정해진 행동을 반복하는 것을 말합니다. 예를 들어 동물원에 갇힌 곰이 우리 안에서 좌우로 왔다 갔다 하는 행동, 혹은 자신의 몸을 반복적으로 긁거나 흔드는 행동 등이 있어요.

\ 두 번째, 고양이는 독립적인 동물 /

고양이도 호랑이처럼 독립적인 특성을 가지고 있습니다. 독립성이란 무리 생활과 대비되는 성격이지요. 즉, 혼자서 자신만의 영역을 가지고 다른 고양이나 동물과 교류하지 않으며, 먹이나 잠자리 같은 문제를 스스로 해결한다는 뜻입니다. 현재 우리가 키우는 고양이(집 고양이, Felis catus)는 나에게 한없이 다정하게 굴기도 하지만, 혼자 있고 싶어 하는 독립성 역시 가지고 있습니다. 그렇다면 이런 고양이의 독립성을 존중하기 위해서는 어떻게 해야 할까요?

고양이는 독립적인 동물이라옹!

고양이 독립성을 존중하기 위해 집사가 기억해야 할 점

- 고양이가 집사와 함께 있는 것을 항상 원하지는 않는다는 점을 이해해야 합니다.
- 스킨십을 하는 경우에도 마찬가지이지요.

고양이가 먼저 다가와서 요청하는 경우, 그때 고양이를 만져주거나 놀아주는 것이 좋습니다. 그 외에 고양이가 특별히 의사 표시를 하지 않는다면 홀로 내버려두는 편을 고양이는 더 좋아할 수도 있습니다. 집사가 자신에게 관심을 표현하며 쳐다보거나 자꾸만 쓰다듬고 귀찮게 구는 것을 일부 고양이들은 위험하게 여기거나 불편하게 생각할 수도 있기 때문이지요. "고양이는 자기를 싫어하는 사람을 좋아해"라는 말이 있지요? 고양이는 독립적이기 때문에 자신에게 관심을 덜 표현하고 가만히 내버려두는 사람을 훨씬 더 선호한다는 뜻을 담고 있는 말입니다.

애정 표현을 지나치게 하지 않는 집사가 고양이에게 사랑받을 수 있다니! 너무 고양이 중심적인 이야기라고요? 하지만 놀랍게도 이것은 국제 고양이 학회의 행동학 과정에서 권장하는 내용입니다. 즉, 고양이를 사랑한다면 고양이 입장도 헤아려달라는 것이지요. 집사가 일방적으로 애정을 표현하는 것이 아니라, 고양이 입장에서 긍정적이고 꾸준하며 예상 가능한 사회적 상호 관계를 맺기 위해 노력한다면 고양이는 점점 더 집사를 좋은 사람으로 여기게 될 겁니다. 그러면 오히려 더 많은 상호 관계를 맺는 사이로 발전할 수 있습니다.

다만 14쪽에서 '고바고'를 배웠듯, 고양이마다 특성이 다르기 때문에 이러한 권고를 모든 고양이에게 동일하게 적용해서는 안 됩니다. 예를 들어 샴이나 버만 고양이 같이 굉장히 사회적인 품종 고양이들은 집사가 갑자기 자기를 내버려두면 오히려 스트레스를 받을 수 있어요. 이럴 때 고양이는 큰 소리로 야옹야옹 울거나, 다가와서 몸을 비비거나, 자신이 원하지 않는 행동을 함으로써 집사의 주의를 끌려고 할 수 있습니다. 이런 경우라면 고양이는 독립적인 것보다 집사와 지속적인 사회적 관계에 있고 싶어하는 것이므로 항상 관심을 주는 편이 좋습니다.

20쪽 참고
🐾 다묘 가정에서의 고양이 영역에 대해 더 알아봐요!

> **다묘 가정 고양이들에게도 독립성이 필요할까?**
> 사람은 무리 동물이기 때문에 여럿이 함께 있는 것을 선호하고, 사회도 그런 형식으로 발달되어 왔습니다. 하지만 고양이는 같은 고양이라 하더라도 무조건 같이 있고 싶어 하지는 않는다는 점을 이해해야 합니다.

\ 세 번째, 자신만의 영역을 가지는 영역 동물 /

고양이는 앞서 설명한 것처럼 본디 고유의 영역을 가지는 동물입니다. 밖에서 사는 고양이를 가만히 관찰해보면 늘 비슷한 루트로 자신의 영역을 시찰하고, 즐겨 찾는 휴식 장소에서 느긋하게 낮잠을 자는 모습을 볼 수 있습니다. 이처럼 고양이의 영역은 밥을 먹거나 잠을 자는 중심

다묘 가정에서의 영역 문제

다묘 가정에서 이 영역 문제가 중요합니다. 다묘 가정에서는 고양이들이 보이지 않는 선, 대개는 페로몬이나 냄새에 의거한 마킹으로 집 안 영역을 서로 나누는 경우가 많습니다. 사실 서로 친밀감 없이 데면데면한 사이여도 서로의 영역을 존중하면서 그럭저럭 지내고 있는 것이지요. 문제는 이런 선이 사람의 눈에는 보이지 않는다는 점입니다. 집사가 영역의 경계에서 마킹의 대상이 되었던 공기청정기를 갑자기 다른 곳으로 옮긴다고 생각해보세요. 고양이들 사이에 다툼이 일어날 수도 있습니다.

영역이 가운데에 있고, 사냥터 혹은 먹잇감을 구하는 영역이 그 주위를 둘러싸고 있어요. 물론 이런 영역은 시간이나 계절에 따라 바뀔 수 있습니다.

그렇다면 집 안에서만 사는 고양이에게도 고유 영역이 있을까요? 이 경우에도 고양이는 음식이 공급되는 곳을 중심으로 나름의 영역을 구축해놓았습니다. 하지만 집사가 고양이의 영역을 이해하지 못한 채 자기 마음대로 가구 배치를 바꾸거나, 심지어 고양이의 주요 영역을 옮겨버리는 경우에 문제가 발생합니다.

최근에 병원에서 치료를 받은 한 고양이가 있습니다. 보호자는 고양이가 주로 지내는 방이 너무 좁아 보여서 자신의 넓은 서재로 고양이 방을 옮겨주었다고 해요. 하지만 고양이가 새로운 방을 두고 예전에 자기가 지냈던 작은 방으로만 들어가려고만 해서, 작은 방을 막아두었습니다. 그랬더니 어떻게 되었을까요? 스트레스를 받은 고양이는 결국 소변을 잘 보지 못하는 '하부 요로기 증후군(FLUTD)'이 심해져 안타깝게도 심각한 신부전 상태로 병원에 내원하게 되었습니다.

이런 증상의 원인은 세균 감염이나 결석 때문일 수도 있지만 많은 경우 '특발성 방광염'이 원인이 됩니다. '특발성'이란 '원인 불명'이라는 의미이지만 사실 고양이 하부 요로기 증후군에서는 스트레스가 가장 큰 원인으로 추정되고 있습니다.

하부 요로기 증후군(FLUTD) 증상
- 자주 화장실을 들락거리거나 화장실에서 오랜 시간을 보내거나 통증을 호소합니다.
- 예전에는 화장실을 잘 사용했는데, 갑자기 다른 곳에 배뇨 실수를 하거나 혈뇨를 볼 수도 있습니다.

때문에 고양이를 기를 때에는 가급적 고양이의 영역을 존중해주는 것이 좋습니다. 만약 어쩔 수 없이 집의 환경을 바꾸어야 하는 경우라면 한 번에 변화를 주는 것보다, 고양이가 적응할 수 있도록 한 번에 한 개씩, 혹은 조금씩 위치를 이동하면서 천천히 변화를 주는 것이 좋습니다. 또 집의 여러 군데에 영역을 나누어 필수 자원을 배치해주는 것도 필요합니다.

고양이 마음에 쏙 드는 필수 자원 배치법

고양이가 생활하는 데에 꼭 필요한 물품들을 필수 자원이라고 합니다. 그렇다면 필수 자원에는 어떤 것들이 있을까요? 밥 그릇, 물 그릇, 화장실이 고양이에게 꼭 필요하다는 것은 굳이 설명하지 않아도 이해가 됩니다. 하지만 어떤 자원들은 사람 입장에서는 꼭 필요해 보이진 않지만, 고양이에게는 본능을 충족시키기 위한 중요한 자원이 되기도 하지요. 고양이 본능에 꼭 필요한 필수 자원들과 그 자원들을 알맞게 배치하는 법을 알아보겠습니다.

\ 밥 그릇과 물 그릇 위치 /

밥 그릇과 물 그릇은 조용하고 한적한 곳, 대신 벽으로부터 어느 정도 간격이 떨어진 곳에 두어야 합니다. 우리 나라 가정에서는 대부분의 가구를 벽에 붙여두는 경우가 흔합니다. 고양이 물 그릇이나 밥 그릇 역시 이렇게 벽에 딱 붙여두거나 구석에 두는 경우를 쉽게 볼 수 있습니다. 하지만 사실 고양이는 벽을 마주하고 음식을 먹거나 물을 마시는 것을 좋아하지 않습니다. 보통 좁은 공간에서도 어떻게 해서든 등을 돌려 시야를 확보하려 애쓰지요. 고양이가 음식을 먹는 행위는 야생에서는 포식자에게 공격당할 여지가 많은, 아주 위험한 행위입니다. 때문에 고양이는 먹는 동안에도 상대나 주위를 관찰하는 것을 선호합니다. 따라서 밥 그릇과 물 그릇은 고양이의 시야가 확보된 곳에 놓아야 합니다.

고양이가 안정감을 느낄 수 있도록 식사 장소는 번잡하지 않고 조용한 장소를 선택하는 것이 좋습니다. 예를 들어 출입문 바로 옆이나 사람들이 주로 이동하는 복도 옆 등은 고양이의 식사 장소로 적당하지 않습니다. 또한 바닥보다 약간 높은 곳에 밥 그릇을 두는 것도 좋은 방법입니다.

밥 그릇과 물 그릇은 서로 떨어진 곳에 두어야 해요

고양이 식사에는 기본적인 원칙이 있습니다. 바로 '분리의 원칙'입니다. 원래 야생의 고양이는 사냥터에서 잡은 먹잇감을 안전하다고 생각되는 자신의 중심 영역으로 가져와 섭취하고, 영역 내에 위치한 개울가 등에서 물을 마십니다. 즉, 음식과 물을 한꺼번에 섭취하는 것이 자연스러운 것은 아닌 셈이지요.

때문에 밥 그릇과 물 그릇을 나란히 배치하는 것보다는 서로 떨어뜨려 배치해주는 것이 좋습니다. 특히 이 둘이 나란히 붙어 있는 식기를 쓰는 경우, 음식이 물에 떨어지면서 물이 더러워지는 경우가 흔하기 때문에 고양이가 좋아하지 않습니다. 고양이는 혀에 물맛을 감별하는 수용체가 있어서 물맛에 아주 민감하답니다.

고양이는 깨끗한 물을 좋아해요.

플라스틱 그릇은 추천하지 않아요!
고양이는 식기의 맛이 음식에 쉽게 배어드는 플라스틱과 같은 재질의 식기를 선호하지 않습니다. 게다가 플라스틱 식기는 피부에 접촉성 알레르기를 흔하게 유발하기 때문에 사용하지 않는 것을 추천합니다.

70쪽 참고
🐾 고양이의 중심 영역에 대해 알아봅시다.

\ 화장실 위치 /

배설 역시 상당히 민감한 행위이므로 고양이를 위한 화장실 위치 선정 역시 주의를 기울여야 합니다. 조용하고 한적한 곳이 좋지만, 너무 갇혀 있거나 탈출구가 없다는 느낌이 들면 고양이가 화장실 사용을 꺼릴 수 있습니다. 고양이는 배설을 하는 동안에 등 뒤로 공격받을 우려가 없는 상황을 좋아하기 때문이지요. 따라서 밥 그릇, 물 그릇과 마찬가지로 출입문이나 창문 옆, 왕래가 빈번한 복도 등은 화장실을 두기에 적당한 장소가 아닙니다. 또 외진 곳을 찾다 보니 세탁실 등에 두는 경우도 흔한데, 고양이는 가전제품이 내는 낮은 저주파 소리에 민감하기 때문에 고양이가 싫어하지 않는지 주의가 필요합니다.

밥 그릇이나 물 그릇과는 달리 화장실을 놓는 최적의 장소는 방의 모서리 부분입니다. 이 경우 등 뒤로 2면이 벽으로 막혀 있기 때문에 고양이는 배설하는 동안 앞으로 보이는 2면만 경계하면 되기 때문에 대부분의 고양이에게 가장 안정감을 줄 수 있습니다.

화장실은 밥 그릇, 물 그릇과 멀리 있어야 해요

'분리의 원칙'은 화장실에도 똑같이 작용됩니다. 고양이는 배설 후 자신의 체취를 지우기 위해 모래를 덮습니다. 그런데 화장실 옆에서 밥을 먹고 물을 마시라고 한다면, 고양이 입장에서는 무척 가혹한 상황입니다. 식기와 충분한 거리를 두고 배치하면, 음식물이 화장실 모래로 오염되는 것 또한 줄일 수 있습니다.

\ 여러 개의 화장실을 둘 때 주의할 점 /

여러 개의 화장실을 둘 때는 되도록 서로 보이지 않는 위치에 화장실을 따로 나누어 배치해야 합니다. 예를 들어 3마리 고양이를 키우는 집에서 4개의 화장실을 마련했을 때, 이것을 마치 공중 화장실처럼 주르륵 일렬로 나열하는 것을 쉽게 보게 되는데, 이것은 고양이 입장에서는 거대한 하나의 변소일 뿐 개별적인 화장실로 느껴지지 않습니다.

특히 이럴 때 고양이들이 평소 생활하는 영역을 고려해서 해당 위치에 1개씩 화장실을 배치해주는 것이 좋습니다. 만약 2층 이상의 집이라면 층마다 화장실을 두는 것도 필요합니다.

주르륵 모여 있는 화장실은 고양이에게는 하나의 공중 화장실로 느껴진답니다.

여러 개의 필수 자원은 서로 다른 영역에 배치할 것!

화장실뿐만 아니라, 필수 자원은 서로 다른 곳에 나누어 배치해야 합니다. 되도록이면 고양이들의 영역을 고려해서 분배하는 것이 좋습니다.

\ 은신처와 휴식 공간 위치 /

은신처와 휴식 공간은 당연히 고양이가 편히 쉴 수 있도록 조용한 곳이 좋습니다. 그런데 이때 집의 중심 생활부에서 지나치게 멀리 떨어진 곳에 이런 장소를 마련하는 것은 좋지 않을 수 있습니다. 고양이는 휴식하는 동안에도 경계를 위해서 집 안의 상황이 어떻게 돌아가는지 관망하는 것을 좋아합니다. 따라서 집을 잘 관찰할 수 있으면서도 사람들의 손이 잘 닿지 않을 만한 곳에 마련해주는 것이 좋습니다.

대표적인 좋은 휴식처로 캣타워를 꼽을 수 있습니다. 고양이에게 높은 휴식 공간은 꼭 필요합니다. 우리나라에서는 대체로 거실 큰 창문 옆에 캣타워를 두는 경우가 많은데, 높은 곳에 숨어 거실에서 일어나는 일을 관찰하는 것은 고양이가 느끼기에 최적의 휴식 장소라고 할 수 있습니다.

\ 스크래처 기능과 위치 /

스크래처는 사람한테는 필요가 없는 물건이지만 고양이에게는 다용도의 기능을 가진 필수 자원입니다. 고양이는 평균적으로 하루 1~6번 정도 스크래칭을 합니다. 고양이는 스크래처를 이용해 발톱을 갈 수 있을 뿐 아니라 몸을 길게 늘여 스트래칭을 할 수도 있고, 발톱을 뜯으면서 기분을 표시할 수도 있습니다.
또한 스크래처는 고양이가 페로몬을 이용해 영역을 표시하는 도구이기도 하기 때문에 앞선 다른 필수 자원들과는 반대로 출입문 옆과 같이 경계를 표시하기에 적당한 위치에 두는 것이 좋습니다. 또 자고 일어나면 스크래칭을 하는 경우가 많기 때문에 수면 장소 옆에 스크래처를 두는 것도 좋습니다.

몸을 길게 늘여 스크래칭하는 고양이. 스크래처는 문 옆, 잠자리 옆에 두는 것이 좋아요.

스크래처로 영역을 표시해요.

스크래처는 페로몬을 묻히는 장소예요!

스크래처의 기능 중 중요한 하나가 냄새, 좀 더 정확히는 페로몬을 묻히는 장소로 작용한다는 점입니다. 고양이의 발바닥에는 페로몬을 분비하는 분비선이 분포되어 있습니다. 스크래칭을 하는 동안 고양이는 이 분비선에서 나온 페로몬을 해당 장소에 묻히고 더러 냄새를 맡기도 합니다. 이를 통해서 나의 영역의 경계를 표시하는 것이지요. 이런 행위는 야생에서 고양이의 일반적인 하루 일과이기도 합니다. 결국 고양이에게 스크래처를 준비해주는 것은 단순히 가구가 망가지는 것을 방지하기 위한 것이 아니라 고양이 본능을 충족시켜주기 위한 최소한의 아이템인 것입니다.

\ 놀이 기회도 필수 자원 /

놀이 기회 역시 고양이를 위한 필수 자원에 해당합니다. 이것은 고양이 행동학자들이 일반적으로 규정하고 있는 내용이에요. 앞서 우리가 배운 대로 고양이에게는 포식 활동, 즉 사냥을 하는 것이 매우 중요한 일과이고 이것 없이는 정상적인 생활을 유지할 수 없습니다. 때문에 집사는 고양이가 반드시 야생의 본능을 충족할 수 있도록 놀이 역시 고양이를 위한 필수 자원으로 제공해야 합니다.

\ 필수 자원, 몇 개씩 마련해야 할까? /

필수 자원은 1개로 충분하지 않습니다. 그렇다면 몇 개의 자원이 필요할까요? 가장 기본적인 원칙은 바로 다음과 같습니다.

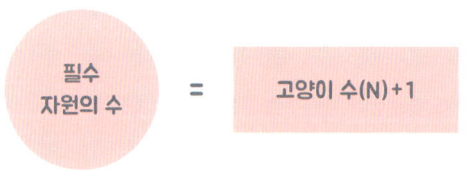

'아니, 고양이에게 왜 이렇게 많은 용품이 필요한 거야?' '너무 과한 거 아니야?' 이런 생각이 들 수도 있습니다. 이런 집사들을 위해 제가 강연에서 종종 사용하는 비유가 있어요. 어느 날 부모님이 갑자기 한 아이를 데려와서 이제부터 이 아이가 당신의 동생이며 사이 좋게 지내라고 합니다. 서로 눈치를 보며 서먹하게 지내고 있는 사이, 부모님이 스마트폰 하나를 사와서는 "자, 이제부터 이걸 동생이랑 사이 좋게 나눠 쓰렴!" 하고 말씀하시는 거예요. 과연 둘의 사이는 쉽게 좋아질까요?

스마트폰으로 예를 든 것은 고양이의 필수 자원 역시 '지극히 개인적인 것'이기 때문입니다. 내가 친구와 나눈 메신저 대화를 아무리 형제라 해도 낱낱이 공유하기는 꺼려지는 것처럼, 고양이 역시 필수 자원을 다른 고양이와 함께 사용하는 것을 좋아하지 않습니다.

예를 들어 사람이 보기에 스크래처는 여러 마리가 돌려가며 써도 문제가 없을 것처럼 보입니다. 하지만 고양이에게 스크래처는 단순한 발톱깎이가 아닙니다. 영역을 표시하는 마킹의 장소인 것입니다. 일부 아주 좋은 사이를 유지하는 고양이라면 같은 영역을 공유하기도 하지만, 대다수의 고양이는 집 안이라고 해도 영역을 나누어 쓰길 원합니다. 이렇게 충분하지 못한 자원을 나눠 쓰는 것은 고양이를 스트레스 상황으로 몰아넣을 뿐 아니라, 다묘 가정에서 고양이 간 불화를 유발할 가능성도 높아집니다.

또 고양이는 굉장히 예민하고 조심성이 많은 동물입니다. 자신의 생명을 혼자서 책임져야 하는 작은 동물이기 때문에 항상 주변을 경계하고 몸을 사릴 수밖에 없는 것이지요. 때문에 밥을 먹다가 혹은 화장실을 이용하다가 어떤 이유로 겁을 먹거나 놀라게 되면, 그 이후에 해당 장소를 이용하는 것을 꺼릴 수 있습니다. 이때 여벌로 쓸 수 있는 필수 자원이 항상 준비되어 있어야 합니다. 실제로 야생에서도 고양이는 어떤 이유로 영역이 위협받게 되면 자신의 영역을 옮기는 모습을 볼 수 있습니다.

다만 이렇게 많은 자원을 두자니 돈도 많이 들고 공간도 많이 차지하는 것이 문제입니다. 하지만 고양이는 필수 자원의 브랜드나 가격에 연연해하지 않습니다. 화장실도 적당한 크기의 리빙 박스로 충분히 대체할 수 있고, 스크래처와 장난감도 직접 만들어줄 수도 있습니다.

공간의 문제 역시 고양이의 특성을 이해한다면 영리하게 좁은 공간을 잘 이용할 수 있습니다. 예를 들어 스크래처는 삼줄을 감아 직접 만들어줄 수도 있는데, 핸드메이드 스크레처를 방문에 걸어주는 것도 좋습니다. 또한 기존에 사용하던 가구의 다리 부분에 삼줄을 감아주어도 스크래처 기능을 합니다. 이처럼 큰 비용과 공간을 할애하지 않아도 충분히 고양이를 위한 필수 자원을 마련할 수 있습니다.

항상 필수 자원이 1개 정도는 더 필요해요!

다묘 가정이 아니어도 필수 자원의 여벌이 1개 정도 있는 것이 좋습니다. 고양이가 마련해준 여벌을 쓰지 않는 경우에도 1개 정도는 마련해두는 것이 좋습니다. 단, 여벌 중 여러 개를 쓰지 않는 경우에는 2주 정도 경과를 보다가 하나만 남기고 치울 수 있습니다.

198쪽 참고
🐾 고양이 스크래처, 택배 박스로도 손쉽게 만들 수 있어요.

리빙 박스 화장실(좌)과 택배 박스로 만든 스크래처(우)

\ 우리 집은 작은데 고양이 수가 너무 많다면? /

우리 집 크기에 비해 고양이 수가 너무 많아서, 필수 자원을 다른 영역에 나누어 준비하는 것이 어려울 때에는 어떻게 해야 할까요? 이럴 때에는 다음과 같은 방법을 고려해볼 수도 있습니다.

$$\text{필수 자원의 수} = \text{고양이들 간의 사회적 그룹의 갯수} + 1$$

우리 집 고양이의 사회적 관계를 잘 살펴서 같은 사회적 그룹에 속하는 고양이들을 하나의 그룹으로 묶습니다. 그 외의 고양이나 다른 그룹 역시 확인해서, 하나의 그룹당 1개의 자원을 할당하고 그 외 여분을 추가로 1개 마련해주는 것이죠.

> **155쪽 참고**
> 🐾 '사회적 그룹으로 나누어 놀아주기'를 통해
> 우리 집 고양이들의 사회적 그룹을 파악해보세요.

고양이와도 친해질 수 있을까?

독립적이고 도도한 작은 사냥꾼 고양이. 그렇다면 고양이의 독립성을 존중하기 위해서 마냥 혼자 있도록 내버려두는 것이 좋은 걸까요? 하지만 고양이는 독립적이기만 한 것은 아닙니다. 원래는 독립적이었던 고양이도 긴 시간에 걸쳐 사회성을 가진 동물로 거듭나게 됩니다.

\ 고양이는 어떻게 사회화가 되었을까? /

고양이가 가진 야생 본능에서 사회화라는 변화가 생기게 된 것은 지금부터 대략 만 년 전, 바로 사람이 농사를 짓게 되는 시점부터입니다. 농경 문화로 접어들게 되자 인류는 곡식을 대량으로 거두어 보관하게 되는데, 여기에 바로 고양이의 주요한 먹잇감인 쥐와 같은 설치류가 들끓게 됩니다.

곡식 저장소에 사냥감이 풍부해지자 먹잇감을 노리는 들고양이들도 역시 이곳으로 몰려들게 됩니다. 좁은 공간에 고양이 수가 많아지자 고양이끼리 서로 마주치게 되는 경우가 빈번해질 수밖에 없었습니다. 마주칠 때마다 매번 싸움을 하게 된다면 어떨까요? 특히나 홀로 삶을 유지하는 동물로서는 이런 빈번한 싸움이 생명에 큰 위협이 되기 때문에 고양이는 점점 상대가 가까이 있더라도 싸우지 않는 법을 배우게 된 것입니다. 이것이 바로 '고양이 사회화'의 시작입니다. 이런 시간이 길어지면서 일부 고양이들은 서로 함께 지내는 것의 이점을 발견하게 됩니다. 공동생활의 중심은 바로 암컷 고양이들이었지요. 이들은 공동육아를 통해 무리 생활을 시작하게 됩니다. 자신의 새끼들을 함께 돌보고, 외부에서 위협

'고양이 사회화'란 무엇일까요?
고양이 입장에서는 다른 고양이와 함께 지내거나 사람이나 개와 같은 다른 종의 동물을 자신과 같은 단체에 속한 구성원으로 받아들이는 것을 의미합니다.

하는 수컷이나 적에 대해 함께 방어하는 것이 생존에 더 유리하다는 것을 깨닫게 된 것입니다. 이런 무리 생활을 통해 태어난 수컷들은 나이가 들면 독립된 영역을 찾아 떠나기도 하지만, 일부는 무리에 남아서 공동체원으로 살아가게 됩니다.

\ 고양이가 사람과 함께 살게 된 배경 이해하기 /

고양이는 사회화 과정에서 사람에 대해서도 사회성을 갖추게 됩니다. 쥐를 잡기 위해 농작물을 보관한 곳에 가까이 지내다 보면 필연적으로 인간과 자주 마주칠 수밖에 없었기 때문입니다. 인간은 귀중한 곡물을 갉아먹는 쥐를 잡아주는 고양이를 쫓아낼 이유가 없었습니다. 때문에 사람과 고양이는 상호 이득에 기반해 가까운 거리에 서로가 존재한다는 것을 조금씩 받아들입니다. 고고학자들의 자료에 의하면 이렇게 대규모 농경 문화가 처음 발달했던 메소포타미아 인근의 이집트인들 역시 고양이의 매력에 매료된 듯합니다. 이들은 생선 등을 이용해 고양이를 집으로 유인하기도 하였고, 이 중 온순하고 경계심이 없는 고양이의 일부가 사람과 함께 살게 된 것입니다. 이러한 역사는 우리도 더러 본 적이 있는 이집트의 벽화나 유물에서도 관찰할 수 있습니다.

고양이 모습을 띄고 있는 이집트의 여신 바스테트 상

\ 고양이는 특별하고 도도한 존재 /

인간이 음식을 일방적으로 제공하는 다른 가축과 달리, 고양이는 사람과 서로 도움을 주고받으며 공생하는 관계로 먹잇감을 스스로 해결하는 과정에서 가축화가 진행되었습니다. 때문에 고양이는 반려동물이 되어서도 사람에게 복종하기보다는 독립성을 유지하는 특유의 태도를 유지하게 된 것으로 보입니다.

또한 사람이 가축화한 대부분의 동물은 무리 동물입니다. 개, 소, 돼지, 양을 떠올려보세요. 간혹 사람이 사자와 같이 독립적인 동물을 길들이는 경우가 있지만, 이것은 특정 개체에 한하는 길들이기(taming)이지, 세대에 걸쳐 사람과 친화적으로 지내는 가축화는 아니기 때문에 고양이의 사회화는 굉장히 특수하다고 볼 수 있습니다. 호랑이와 같이 단독 생활을 하는 동물 중 여러 세대에 걸쳐 사람과 함께 지내는 동물은 고양이가 유일합니다. 이처럼 고양이는 사회화되는 과정마저도 아주 특별하고 도도한 동물입니다.

\ 고양이 사회화, 언제 결정될까? /

고양이는 어릴 때 사람을 비롯한 다른 동물과의 접촉을 통해 이 동물이 자신에게 무해하고 친근한 대상인지, 아니면 경계의 대상인지를 결정하게 됩니다. '고양이는 사회화 시기가 아주 빨라서 성격을 바꾸기가 아주 어렵다'라는 말이 있습니다. 정말 그럴까요? 그렇다면 고양이의 사회화는 다른 반려동물과 어떻게 다른 걸까요?

고양이의 사회화 시기는 2~7주로 아주 빨라요!

사실 개는 어느 정도 태생적으로 사람에게 긍정적인 유대감을 가지는 편입니다. 하지만 개의 경우라도 생후 1~4개월 사이(1차 사회화기)의 어린 시기에 사람과 친근한 접촉을 전혀 하지 않았다면, 사람과 자연스러운 관계를 맺기 어려울 수 있습니다. 하지만 1차 사회화기를 놓쳤다 하더라도, 개의 경우라면 청소년기에 해당하는 6개월령 무렵의 2차 사회화기를 노려볼 수 있습니다. 이 시기에 개는 사람과 적절한 관계 맺기를 통해 사람과 함께 사는 것을 편안하고 자연스럽게 받아들일 수 있는 것이지요.

하지만 고양이는 이런 사회화 시기가 너무나 빠릅니다. 고양이의 사회화 시기는 연구에 따라 조금씩 차이가 있긴 하지만 대체로 2~7주령에 해당합니다. 즉, 꼬물이 시절에 이미 사회화가 끝나버린다는 이야기지요. 아기 고양이를 입양한 경우라고 해도, 이미 입양 전에 고양이의 사회화 과정이 모두 끝나버린 경우도 허다합니다.

\ 고양이의 기질은 잘 변하지 않아요 /

그런데 이런 이른 사회화 시기에 사람과 아주 강한 긍정적 유대를 맺었음에도 이후에 사람과의 관계를 경계하고 불안해하는 고양이들이 있습니다. 눈도 못 뜬 아기 고양이 혹은 겨우 이제 막 눈만 뜬 고양이를 구조해서 키웠는데도, 계속해서 집사를 경계하는 경우를 흔하게 볼 수 있지요. 과연 왜 이런 걸까요?

사실 고양이의 기질은 태어나기 전부터 이미 일정 부분 형성되기 때문입니다. 연구에 따르면 고양이 기질은 엄마 고양이뿐 아니라, 존재

> **'고양이 기질'이란?**
> 기질(Temperament)이란, 쉽게 말하면 고양이의 '성격'이라고 볼 수 있습니다. 낯선 사람을 무서워하거나 혹은 좋아하거나, 바깥의 소음을 지나치게 경계하거나 심드렁하게 반응하는 등등의 특성을 고양이의 기질이라고 표현합니다.

를 확인하기 어려운 아빠 고양이의 유전적 특성에 의해서도 좌우되는 경우가 많다고 합니다. 즉, 엄마나 아빠 고양이가 사람을 경계하는 길고양이였다면, 아기 고양이는 사람을 경계하기 쉬운 기질을 이어받는다는 것이지요.

또한 엄마 고양이의 임신 중 스트레스 상황 역시 중요합니다. 예를 들어 엄마 고양이가 임신 중에 음식이 부족하거나 주변에서 다른 고양이나 사람에 의해서 위협을 받는 등의 스트레스 상황에 처하게 되면 태어나게 될 고양이 역시 외부 환경에 부정적이거나 경계하는 태세를 취하기 쉬운 것으로 알려져 있습니다.

사실 고양이의 이런 빠른 기질 형성은 과거 고양이가 자연에서 생활하는 경우에는 생존을 위해 아주 유리한 이점이었습니다. 엄마 고양이가 아기 고양이를 임신했을 때의 상황이나 아기 고양이가 태어나서 겪게 되는 환경에 큰 차이가 날 가능성이 높지 않기 때문에, 아기 고양이는 태어나자마자 환경에 적응할 수 있게 되는 셈이지요.

문제는 임신 중의 환경과 출산 후의 환경이 급격히 바뀌게 될 때입니다. 가장 대표적으로 임신한 고양이나 갓 출산한 엄마 고양이를 구조하는 경우입니다. 엄마 고양이가 아기 고양이에게 물려준 기질은 바깥의 거친 환경에 적응하기 위한 것이겠지만, 아기 고양이가 눈을 떠 마주치게 되는 환경은 사람과 함께 사는 편안하고 풍족한 집일 것입니다. 그렇지만 엄마의 기질을 물려받은 아기 고양이는 집 안에 잘 적응하지 못할 수 있습니다. 낯선 이가 방문하면 소파 밑에 숨거나, 청소기 소리와 같이 자연스럽게 발생할 수 있는 자극들에게 극도로 예민한 반응을 보일 수도 있지요.

\ 고양이는 나쁜 경험을 쉽게 잊지 못해요 /

초기에 좋은 사회화 시기를 보냈다 하더라도 이후의 경험이 고양이의 기질을 변하게 할 수도 있습니다. 예를 들어 좋은 가정에서 좋은 사람들과 지내서 사람에 대한 경계가 없던 고양이가 낯선 사람이 방문해서 고양이에게 위협적인 행동을 하게 되면, 이후로는 낯선 이가 올 때마다 경계를 하거나 숨어버릴 수 있습니다.

이처럼 고양이는 학습을 통해서 기질을 형성할 수 있는데, 체구가 작고 약한 동물인 고양이는 분쟁 상황에서 전략적으로 회피를 택하는 본능이 있기 때문에 한 번 안 좋은 경험을 하게 되면 이를 쉽게 회복하기보다는 비슷한 상황에서 경계심을 키우는 쪽으로 기질이 발달하기 쉽습니다.

결국 이런 고양이의 특징은 앞에서 말한 고양이가 아직 가축화가 진행 중인 동물, 즉 야생의 습성이 아직 몸에 남아 있는 동물이기에 나타나는 것들이라 볼 수 있습니다. 그러므로 무작정 '얘는 왜 이렇게 겁이 많을까?'라고 생각하기보다는, 고양이의 마음을 이해해주세요.

경계가 심한 고양이, 둘째를 들이면 나을까요?
사회화가 덜 된 고양이에게 무작정 둘째 고양이를 들여 같이 지내라고 강요하는 것보다는, 혼자지만 집사와 돈독한 관계를 맺으며 지내는 편이 더 좋을 수 있습니다.

34쪽 참고

🐾 고양이는 한 번 나쁜 경험을 겪게 되면, 그 대상에 대해 좋은 감정을 회복하기 위해 아주 오랜 시간과 노력이 필요할 수 있습니다. 34쪽의 상담 사례를 통해 집사가 어떤 노력을 어떻게 기울이면 좋을지 알아볼까요?

고양이가 낯선 손님을 무서워해요!

2살 된 코숏 고양이와 함께 살고 있는 집사입니다. 우리 고양이는 흔히 말하는 개냥이에요. 손님한테 낯가림도 없고, 친구들이 놀러오면 다가와서 냄새도 맡으며 옆에 앉아 있기도 하는 아이랍니다. 사람을 정말 좋아해서 친구들이 쓰다듬어주면 스킨십도 곧잘 즐기곤 했지요.

그런데 며칠 전, 친구가 집에 놀러 와서 낚싯대로 놀아준 적이 있어요. 친구는 고양이랑 더 재미있게 놀아주려고 우당탕 뛰어서 쫓아가고 소리를 질렀어요. 몇 번 그랬더니 갑자기 침대 밑 깊은 곳으로 들어가서 나오질 않더라고요. 처음에는 저러다 말겠지 하고 내버려뒀는데, 시간이 갈수록 점점 더 사람을 무서워하는 것 같아요. 사람이 오면 매번 침대 밑으로 숨고, 이제는 벨 소리만 들려도 침대 밑으로 들어갑니다. 안아주고 달래봐도 금방 도망가버려요. 낯선 사람을 무서워하는 우리 고양이, 어떻게 해야 좋을까요?

손님들이 다녀간 이후 겁을 먹은 고양이가 고민인 집사의 이야기입니다. 집사들이 정말 흔하게 하는 고민이지요. 이렇게 부정적인 경험을 한 이후에 사람을 경계하게 된 고양이는 어떻게 해주는 것이 좋을까요?

🔶 혼자만의 안전한 시간도 필요해요

집사 입장에서는 하루라도 빨리 고양이가 원래의 모습을 회복했으면 하겠지만, 사실 고양이에게 가장 먼저 필요한 것은 무서운 경험에서 벗어나 마음을 추스를 수 있는 시간과 공간입니다. 이런 시간과 공간에 대한 배려 없이 고양이를 성급하게 꺼내거나 낯선 사람과 마주하게 만들면 고양이의 부정적인 인식은 완전히 고착되어버릴 수 있습니다.

때문에 고양이가 자신이 안전하게 생각하는 은신처로 이동하는 것을 절대 막아서는 안 됩니다. 지금 고양이는 침대 아래를 은신처로 정했는데요. 평소 이런 상황에 대비해 고양이를 위한 은신처를 마련해두는 것이 고양이의 정서를 위해 좋습니다. 공사 소음과 같은 외부의 갑작스런 자극이나 낯선 손님들이 방문했을 때 고양이가 마음 놓고 숨을 수 있는 공간이 있다면 고양이의 불안은 줄어들고 안정감을 가질 수 있습니다.

🔶 부정적인 연관을 끊어주세요

고양이는 무서운 소리를 내며 자신을 쫓아오던 거대한 사람을 보고 질겁했습니다. 그 뒤로 '사람=무서워!'라는 마음속의 공식을 가지게 되었죠. 이런 연관을 끊어주고 좋은 경험을 통해 '사람=좋아!'라는 인식을 심어주어야 합니다.

일단은 고양이가 평소 친숙하게 느낄 만한 사람을 초대합니다. 집사와 닮은 느낌의 사람도 좋습니다. 이런 사람을 초대 후 고양이의 은신처와 멀리 떨어진 곳, 예를 들어 침실 밖 거실에서 잠시 이야기를 나누다가 돌아가게 합니다. 이때 고양이에게는 아무런 관심도 표현하지 말고, 집사도 평소와 다를 바 없이 행동하고 평소대로 고양이를 대해야 합니다. 이 기간 동안은 또 다른 사람의 방문은 자제합니다.

이런 과정의 반복을 통해서 고양이가 낯선 이의 방문이 그렇게 위협적이지 않다고 느끼게 되면, 침대 밖으로 나오지는 않더라도 침대 밑에서 잠을 자거나 그루밍을 하는 등의 여유를 보일 수 있습니다. 이 정도의 여유가 생긴다면 이제 다음 단계로 넘어갑니다.

🔖 놀이로 사람에 대한 좋은 인상을 심어주세요

이제는 장소를 옮겨서 고양이가 숨어 있는 침대와 비교적 가까운 곳에서 조용히 대화를 나누다 돌아갑니다. 이때에도 역시 고양이에게 관심을 표현하지 않아야 하고, 집사의 말투는 평소와 다름없어야 합니다. 돌아간 뒤에도 고양이를 달래주기보다는 그대로 두거나, 고양이가 나오면 가볍게 포상해줍니다.

고양이가 손님에 대해 익숙해져서 침대 밑에서 나름 여유를 찾게 된다면, 이제 고양이와 긍정적 경험을 시도해봅니다. 이전의 방문과 다름없이 일상적이고 조용한 대화를 하는 도중에 낚시대를 조금씩 휘두르면서 고양이와 놀아줍니다. 고양이가 굳이 놀이에 적극적으로 참여하지 않더라도, 낚싯대 끝에 달린 장난감이 획획 움직이는 것을 눈으로 쫓거나 앞발만 가끔 쑥 나오는 정도도 좋은 신호입니다. 고양이가 놀이에 응한다면 간식을 한두 개 잘라서 주거나 스틱형 간식으로 조금씩 포상해주세요. 이렇게 고양이에게 '손님이 오는 것은 무서운 게 아니라 즐거운 거구냥!'이라는 인식을 심어주면 됩니다.

🔖 집사의 인내심이 필요해요

모든 고양이 행동 교정은 보호자의 오랜 인내심을 필요로 합니다. 이런 인내심은 앞으로 소개되는 모든 집사들의 고민 해결에 공통적으로 적용되는 부분이에요. 이유는 사람이 흔히 말하는 '고양이의 문제 행동'이란 사실 고양이의 입장에서는 '본능에 따른 반응'이기 때문입니다. 앞서 설명했듯이 고양이는 독립적이고 경계심이 강한 동물입니다. 고양이가 이런 본능을 거슬러서 행동하거나 본능에 반하는 개념을 받아들이는 데에는 당연히 긴 시간과 노력이 필요할 수밖에 없습니다. 고양이는 지금 집사를 위해 자신의 본능을 넘어서려 하고 있습니다! 그러므로 고양이가 한 발자국씩 좋은 경험을 쌓는 것을 응원해주세요. 이렇게 집사가 인내심을 가지고 기다려준다면 고양이가 사람에 대해서 훨씬 좋은 감정을 가질 수 있습니다.

고양이는 정말 혼자 있어도 외롭지 않을까?

고양이는 사람과 함께 살 수 있는 사회적인 동물로 거듭나고 있지만, 고양이의 사회화는 무리 동물인 사람의 입장에서는 다소 불완전해 보일 수도 있습니다. 문제는 고양이가 이렇게 사회성을 가지게 되었는데도 아직 '독립적인 동물'로 각인되어 있어 '혼자 두어도 괜찮은 동물'로 여겨진다는 점입니다. 정말 집 안에 고양이만 홀로 남겨두어도 고양이는 알아서 만족스러운 삶을 보낼까요?

\ 집사를 쫓아다니면서 큰 소리로 야옹야옹 울어요 /

고양이를 키우다 보면 고양이가 유독 큰 소리로 야옹야옹 우는 경우가 있습니다. 이럴 때 고양이는 뭔가 요구하는 것이 있는 듯한 표정으로 집사에게 다가와 울고, 또 머리를 부비거나 가볍게 몸통을 쓸고 지나가면서 애교를 부리기도 하지요. 하지만 귀여워해주면 고양이는 뭔가 직성이 풀리지 않는지 손을 콱 물거나 짜증을 내기도 합니다.

이런 고양이의 행동은 절망감에서 비롯된 행동일 가능성이 높아요. 절망이라고 하니 너무 크게 느껴지지만, 쉽게 말하면 고양이가 원하는 바가 이루어지지 않아서 이를 요구하거나 호소하는 행동이라고 볼 수 있습니다. 평소 드나들던 방의 문이 닫혀 있거나, 간식을 원하는데 주지 않을 경우 흔히 보이는 행동이지요. 얼마 전, 병원에서 한 보호자에게 이런 질문을 받았습니다.

> 3살 된 수컷 샴 고양이인 우리 집 아이는 제가 퇴근을 하면 그때부터 졸졸 따라다니면서 큰 소리로 야옹야옹 울어요. 간식을 주면 잠깐 조용하다가, 다시 따라다니면서 큰 소리로 웁니다. 화장실에 들어가도 문 밖에서 계속 울어요. 대체 왜 이러는 걸까요?

이 고양이 역시 집사에게 절망감을 호소하고 있는 것입니다. 그렇다면 이 고양이가 호소하는 절망감의 원인은 무엇일까요?

고양이는 사실 하루 종일 혼자 있어서 너무 외롭고 심심했던 것입니다!

생각해보세요. 집사가 밖에 있는 동안 고양이는 오랜 시간 동안 집에 혼자 있습니다. 집 안에는 밥도 있고 물도 있고 캣타워도 있지만, 고양이가 교감하고 포근하게 정을 나누거나 함께 활동하면서 즐거운 시간을 보낼 수 있는 상대가 없었던 것이지요. 무료해진 고양이는 하루 종일 잠만 자게 됩니다.

집사가 돌아오면 고양이는 계속해서 이야기합니다. 집사가 없어서 너무 심심했다고, 이제 나랑 놀자고 계속 야옹야옹 조를 것입니다.

\ 고양이 분리불안증 /

홀로 집 안에 갇혀 지내는 고양이들이 집사가 집에 돌아왔을 때 과도한 집착을 보이거나 절망감을 호소하는 행동, 또는 반대로 무기력한 모습, 보호자가 없을 때 밥을 먹지 않거나 배뇨 실수를 하는 행동들은 '고양이 분리불안' 때문일 수 있습니다.

학계에서도 고양이는 독립적인 동물로 여겨졌기 때문에, 분리불안에 대해 최근에서야 주목을 하게 되었습니다. 사람과 함께 사는 고양이는 사회성을 갖추고 있기 때문에 홀로 내버려두면 외로워하고, 심한 경우 분리불안을 겪을 수 있는 것이지요.

특히 사연 속 고양이의 품종은 샴 고양이인데, 샴이나 버만 같은 종류의 고양이는 사회성이 굉장히 높은 편이기 때문에 혼자 두는 것에 민감할 수 있습니다(샴 고양이는 목소리도 다른 품종에 비해서 큽니다).

비단 샴이 아니더라도 대다수의 품종 고양이는 오랜 세월 사회성이 높은 개체가 선택되어 번식되었을 뿐 아니라 대체로 여러 세대를 거쳐 사람의 손에 양육되어왔기 때문에 상당히 높은 수준의 사회성을 갖추고 있습니다. 따라서 이런 품종의 고양이를 키울 때에는 고양이의 분리불안에 대해 더욱 신경을 써야만 합니다.

다묘 가정에서는
고양이가 외롭지 않을까요?

집사가 출근, 외출한 동안 혼자 있어야 하는 우리 집 고양이, 외롭거나 심심하지 않을까요? 혼자 있는 고양이에 대해 집사들의 고민이 많습니다. 집사가 없는 동안 고양이들끼리 서로 즐겁게 지내길 바라며 둘째 고양이를 입양하는 집사도 많지요. 다묘 가정이라면 분리불안과 같은 문제가 없을까요? 사실 이미 많은 다묘 가정의 집사들이 고양이들끼리 늘 화목하지만은 않다는 것을 알고 있을 겁니다.

\ 고양이들이 서로 친할 때 보이는 행동 /

다묘 가정에서 고양이끼리 화목한 사이로 지내도록 하는 것은 굉장히 많은 노력을 필요로 하는 일이지요. 처음 고양이를 맞이할 때부터 단계적으로 서로를 천천히 긍정적으로 소개하는 것이 필요하고 집 안 환경도 정교하게 세팅해주어야 합니다. 꾸준한 노력을 들여 관리를 해주어야 고양이들끼리 좋은 관계를 유지할 수 있는 것이지요. 여기에 각각의 고양이가 애초에 가지고 있는 기질 역시 크게 작용해요. 이 중 무엇 하나라도 부족하면, 흔히 말하는 '외로운 두 마리의 고양이를 만드는 셈'이 되고 맙니다.

41쪽 참고

🔖 새로운 고양이를 맞이하게 되었다면, 집사는 '단계적 소개법'을 통해 고양이들이 서로 긍정적인 첫 인상을 느낄 수 있도록 도와주어야 합니다.

물론 여러 마리 고양이를 성공적으로 기르는 경우도 많이 있습니다. 이럴 때 서로 다정한 고양이들은 다음과 같은 행동을 보여주지요.

같이 쉬거나,
꼭 붙어서 잠을 자요.

서로 그루밍을 해줘요.

머리를 서로 비벼요(Head bunting).

꼬리를 서로 말아감아요.

옆구리를 쓰윽 비벼요.

장난치면서 뒹굴뒹굴 같이 놀아요.

밥을 한곳에서 같이 먹어요.

친하지 않아도 같이 밥 먹는 경우도 있어요!
서로 데면데면한 사이라도 집사가 한곳에서만 밥을 준다면 어쩔 수 없이 같은 곳에서 밥을 먹기도 합니다.
위의 신호들을 잘 관찰해서 우리 집 고양이가 서로 다정한 사이가 아니라고 생각이 된다면, 차라리 서로 분리해서 밥을 주는 것이 낫습니다. 불편한 사이에서 같이 밥을 먹는 것은 서로간의 긴장감을 되려 높일 수가 있기 때문입니다.
밥 먹는 위치를 바꿀 때는 갑자기 한 번에 변화를 주지 말고, 천천히 밥 그릇 사이의 거리를 넓혀주다가 서로 보이지 않는 곳에 위치하게 하는 것을 추천합니다. 갑작스러운 변화는 고양이에게 스트레스를 유발할 수 있기 때문입니다!

고양이들을 위한 단계적 소개법

1단계 상대 고양이의 냄새를 소개해요
- A고양이의 얼굴이나 등부터 꼬리까지 수건으로 쓱 문질러 냄새를 묻힙니다.
- B고양이가 기분이 좋을 때 수건을 슬쩍 노출합니다.
- B고양이가 하악질 같은 공격적인 반응을 하지 않으면, 쓰다듬어주거나 간식으로 포상합니다.
- B고양이가 만약 경계한다면 수건을 얼른 치우고 다른 곳으로 관심을 전환시킵니다.

2단계 시각적으로 소개해요
- 상대의 냄새에 거부감이 없어진 단계라면, 방문에 설치한 펜스를 사이에 두고 둘을 시각적으로 노출시켜 봅니다.
- 서로를 보여주려고 하기보다는 멀찍이 떨어진 공간에서 각자 즐거운 일(밥이나 간식 먹기, 놀이하기)을 하면서 상대가 자연스럽게 보이도록 하는 편이 좋습니다.
- 고양이들이 서로 경계하지 않는다면 포상을 해주고, 거부감을 보이면 얼른 문을 닫아 다른 곳으로 관심을 전환시킵니다.
- 경계심이 풀어지면 조금씩 거리를 좁혀봅니다.

3단계 직접 만나봐요
- 3단계에서 경계심을 표하지 않는다면 펜스를 살짝 치워줍니다.

- 이때 상대에게 관심을 보이지 않더라도, 공격하거나 경계하는 제스처를 취하지 않는다면 성공!
- 단, 갑자기 공격할 때를 대비하여 서로를 떼놓을 수 있도록 큰 소리를 내는 물건이나 두꺼운 담요 등을 준비합니다. 싸움이 벌어지면, 한 마리가 자신의 영역으로 도망갈 수 있도록 분리한 뒤 문을 닫습니다.
- 만약 싸움이 발생했다면, 처음 1단계로 돌아가 위의 과정들을 천천히 다시 시도해야 합니다.

4단계 함께 놀아요
- 3단계를 통해 고양이들이 함께 있는 시간을 늘리는 것에 성공했다면, 이제 함께 시간을 보내도록 합니다.
- 단, 최소 1주일 동안은 집사가 함께 하면서 잘 지켜보는 것이 좋습니다.

\ 페로몬으로 서로 친해져요 /

고양이들이 40쪽과 같은 행동을 자주 보인다면 우리 집 고양이들은 서로 화목한 사이라고 볼 수 있습니다. 고양이가 서로 화목할 때 이런 행동을 보이는 이유는 무엇일까요? 고양이는 말보다는 페로몬으로 서로 의사소통하는 존재이기 때문입니다. 고양이를 만져주었을 때 기분 좋아하는 곳에는 고양이의 분비선이 발달되어 있습니다. 대표적으로는 입 옆, 눈 옆, 귀 아래 털이 적게 난 곳, 턱 밑이나 꼬리가 시작되는 부분이에요.

고양이는 이곳에서 분비되는 페로몬을 상대에게 묻힌 뒤 '우리는 이제 같은 사회적 그룹의 일원이다옹!'이라고 확인합니다. 참고로 이는 고양이가 사회적인 대상으

고양이 분비선

로 여기는 사람에게도 똑같이 취하는 행동이기 때문에 우리 집 고양이가 나에게 이런 행동을 하는 것은 우리가 한 가족이라는 고양이의 언어인 셈이지요. 41쪽에서 소개한 '고양이 단계별 소개법'이 바로 고양이의 페로몬 언어를 이용한 것입니다. 이 방법을 통해서 고양이 간에 서로 좋은 인상을 심어줄 수도 있습니다. 예를 들어 A고양이의 분비선 부위를 수건으로 슥슥 닦아서 페로몬을 묻힙니다. 이렇게 얻은 페로몬을 간식을 먹거나 놀이를 즐겨서 지금 기분이 좋은 상태인 B고양이에게 살짝 노출하면, B고양이는 이 페로몬을 좋은 것으로 느낄 수 있어요. 이런 과정을 거친 후 B고양이에게 A고양이를 소개하면 훨씬 좋은 첫인상을 줄 수 있답니다.

우리 집 고양이들이 서로 싸우지 않는다 하더라도 앞서 소개한 다정한 모습을 잘 관찰할 수 없

다면 사실 그다지 좋은 사이라고 보기는 힘들 수 있습니다. 실제로 앞서 소개한 사례와 같이 고양이가 분리불안을 호소해서 걱정인 다묘 가정 집사들이 의외로 많이 있습니다. 두 마리를 키우고 있는데도, 집사가 집에만 오면 고양이가 졸졸 따라 다니면서 야옹야옹 울면서 집에 있었던 시간 동안의 외로움을 호소하는 것이지요.

심지어는 고양이 두 마리를 키우는 가정에서 (보호자는 둘 간에 특별한 문제가 없다고 생각했지만) 한 마리가 세상을 떠난 후, 갑자기 다른 한 마리가 활발해지고 소소하게 겪어온 스트레스성 질환이 모두 없어지는 경우도 있습니다. 따라서 우리 집이 다묘 가정이라고 해서 집사가 고양이의 의식주만 책임지면 될 것이라는 생각을 해서는 안 됩니다. 특히 한국은 고양이를 집 안에서만 가두어 키우는 경우가 많기 때문에 집사가 적극적으로 고양이의 사회적 요구나 본능 해소를 관리해줄 필요가 있습니다.

163쪽 참고

🐾 고양이의 언어, 페로몬에 대해 더 알아봅시다.

\ 싸울 때 놀이로 풀어줄 수 있어요 /

행복한 다묘 가정은 많은 집사들의 꿈입니다. 하지만 현실은 고양이끼리 사이가 나쁘거나, 싸우지는 않지만 데면데면한 사이로 지내는 경우가 많지요. 사람들도 서로 좋은 관계로 지내기 위해서는 밥도 같이 먹고, 취미도 같이 즐기는 것처럼 함께하는 즐거운 경험이 필요합니다. 이런 경험을 통해서 그 사람에 대해 알게 되고 친해질 수 있는 것처럼 고양이 간에도 함께 놀이를 하다 보면 즐거운 경험을 공유하면서 좋은 사이로 거듭날 수 있답니다.

사이가 안 좋은 경우에도 놀이는 긴장감을 완화시키는 도구로 사용될 수 있습니다. 즉, 두 마리의 고양이가 서로 대치하면서 긴장감이 올라가려는 순간에 놀이 기구를 들이밀어서 관심을 전환시킬 수 있습니다. 이런 방법을 클리커 훈련 등과 결합시킨다면 놀이는 다묘 가정에서 문제 행동에 대처하는 훌륭한 방법으로 작용할 수도 있습니다.

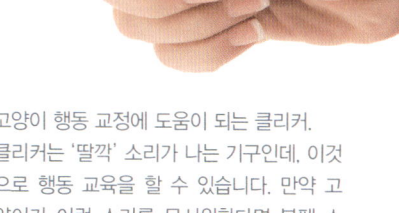

고양이 행동 교정에 도움이 되는 클리커. 클리커는 '딸깍' 소리가 나는 기구인데, 이것으로 행동 교육을 할 수 있습니다. 만약 고양이가 이런 소리를 무서워한다면 볼펜 소리와 같이 좀 더 부드러운 소리로 대체할 수 있습니다.

154쪽 참고

🐾 '다묘 가정 놀이법'에서 더 자세히 배워봅시다.

놀이는 고양이를 행복하게 해요

고양이 놀이라고 하면, 대부분의 사람들은 '그냥 고양이를 즐겁게 해주기 위한 것 아니야?'라고 생각할 수 있습니다. 고양이에게 놀이는 사냥을 모방한 것으로 본능 해소의 가장 적합한 행동이며 아기 고양이 때부터 아주 자연스럽게 보이는 친화적인 행위입니다. 때문에 놀이의 기능은 단순한 즐거움을 넘어 그 효용도 아주 다양합니다.

\ 즐거운 묘생을 만드는 가장 쉬운 방법 /

지금까지의 내용을 토대로 고양이를 행복하게 키우기 위해서는 아래와 같은 욕구들이 충족되어야 한다는 점을 알 수 있었습니다. 그렇다면 이런 고양이의 욕구를 충족시켜주는 데에 왜 '놀이'가 가장 이상적인 수단이 되는 걸까요?

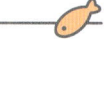

집사가 기억해야 할 고양이의 본능

1. 고양이는 아직 야생의 본능을 많이 가지고 있기 때문에 본능을 충족시켜주어야 한다.
2. 고양이의 사회적 욕구 역시 충족시켜주어야 한다.

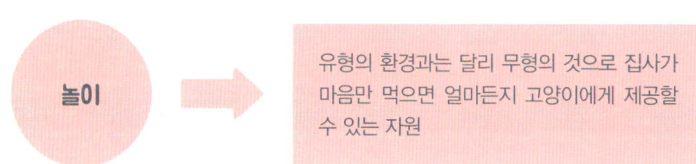

놀이 → 유형의 환경과는 달리 무형의 것으로 집사가 마음만 먹으면 얼마든지 고양이에게 제공할 수 있는 자원

한국에서 반려동물을 키울 때는 어려운 점이 많습니다. 굉장히 도시화된 국가여서 고양이가 안전하게 외출하기가 힘들기 때문이지요. 또 외국의 마당 딸린 널찍한 집에 비해서는 공간이 좁은 경우가 많아, 고양이의 필수 자원을 배치할 때에 골머리를 앓기도 합니다. 심지어 다묘 가정이라면 영역 충돌로 인한 긴장감 형성은 피하기 어렵습니다. 이럴 때 넓은 마당이 딸린 이층집으로 이사 가서 고양이에게 이상적인 공간을 제공하고 싶은 마음은 굴뚝 같지만 이를 현실화하기란 경제적인 문제부터 출퇴근 문제까지 발목을 잡는 것이 한두 개가 아닙니다.

그렇다고 고양이의 사냥 욕구를 충족시키기 위해서 집에 20마리에 달하는 쥐를 풀어놓을 수는 없습니다. 아직 야생의 본능이 살아 숨쉬는 고양이를 위해 완벽한 환경을 조성하기란 현실적으로 어렵습니다. 하지만 지금 사는 환경에서도 여러 가지 노력을 한다면 고양이를 위한 환경을 충분히 만들어줄 수 있습니다.

이럴 때 놀이는 고양이의 활동 욕구를 대신해주고, 여러 가지 스트레스를 완화해주는 도구로 사용될 수 있습니다. 이뿐만 아니라 다묘 가정에서는 긴장감 완화, 노령묘에게는 인지 기능 향상 등 아주 유익한 효과가 있지요. 특히 놀이는 계속 진화하고 다양하게 적용할 수 있을 뿐 아니라 보호자가 고양이와 끊임없이 교감할 수 있는 창구로 작용할 수 있습니다.

\ 고양이의 5대 즐거움 /

물론 그렇다고 해서 놀이가 고양이에게 즐거움을 준다는 점 또한 잊어서는 안 되겠지요. 놀이는 고양이가 느끼는 즐거움의 상당한 부분을 해소해줄 수 있는 최적의 방법입니다. 그렇다면 고양이는 언제 즐거움을 느끼는 걸까요?

고양이의 삶의 질을 향상시키기 위해서는 고양이가 긍정적인 생활을 하는 것이 굉장히 중요합니다. 이를 위한 연구에 따르면 고양이는 오른쪽의 5가지 경우에 주로 즐거움을 느낀다고 합니다. 이 5가지 중 놀이의 즐거움이 당당하게 한 축에 자리하고 있는 것을 볼 수 있습니다.

이뿐 아니라 다른 즐거움 역시 놀이를 통해 고양이에게 제공할 수 있습니다. 가장 대표적인 것이 바로 '탐색의 즐거움'이지요. 탐색의 즐거움이란 고양이가 자신에게 필요한 필수 자원을 찾아나설 때 느끼는 쾌감입니다. 그런데 이미 집 안에 모든 자원이 풍족하게 갖추어진 반려 고양이에게는 이런 탐색의 즐거움을 어떻게 제공할 수 있을까요?

고양이의 5대 즐거움

- 탐색의 즐거움
- 놀이의 즐거움
- 음식을 먹는 즐거움
- 성적인 즐거움
- 편안하게 휴식할 때 누리는 즐거움

\ 탐색의 즐거움, 퍼즐 장난감으로 해소해요! /

고양이에게 먹잇감을 탐색하는 즐거움을 주기 위해 가장 쉬운 방법은 바로 퍼즐 장난감을 이용하는 것입니다. 퍼즐 장난감이란 고양이가 노력을 해서 음식을 먹을 수 있도록 고안된 장난감이에요. 가장 대표적인 퍼즐 장난감은 사진처럼 작은 구멍이 뚫려 있는 공이나 주머니 형태의 장난감으로, 안에 사료나 간식 알갱이를 넣어두면 고양이가 뒹굴뒹굴 굴려서 음식을 꺼내 먹을 수 있게 만들어져 있습니다.

퍼즐 장난감을 고양이가 그냥 가지고 놀도록 줄 수도 있지만, 가장 잘 활용하는 방법은 바로 이 장난감을 곳곳에 숨겨두는 것입니다. 예를 들어 집사가 출근하면서 퍼즐 장난감을 곳곳에 숨겨두면 고양이는 홀로 남은 시간 동안 집 안에서 먹잇감을 찾기 위한 탐색 여행을 떠날 수 있습니다.

88쪽 참고
🔖 집사 출근(외출) 전, 퍼즐 장난감으로 집 안을 고양이 놀이터로 만들어줍시다.

\ 음식을 먹는 즐거움도 더 커져요 /

음식 역시 놀이와 결부시켜 제공할 때 고양이에게 큰 즐거움을 줄 수 있습니다. 몇 번이나 강조했듯 고양이는 사냥 본능이 강렬하게 남아 있는 동물입니다. 어리숙한 고양이마저도 작은 곤충을 보면 솜방망이를 휘둘러 잡으려 들 정도이지요. 이런 고양이에게 시간 맞춰 따박따박 음식을 제공하는 것은 고양이의 본능 해소에는 좋지 않습니다. 그보다는 사냥과 유사한 행위를 통해 본능을 해소시켜주세요. 예를 들어 집사가 신나게 낚싯대를 휘둘러 놀아준 이후에 음식을 제공하면 고양이는 마치 사냥을 한 것 같은 정신적 만족감을 얻을 수 있습니다. 뿐만 아니라 고양이의 적극적이고 활발한 활동을 이끌어냄으로써 훨씬 더 건강한 삶을 누릴 수 있습니다.

이처럼 놀이는 고양이의 5대 즐거움 중 절반가량을 해결해줄 수 있는 강력한 수단입니다. 특히 단순히 즐거움만을 주는 것이 아니라 고양이의 본능을 자연스럽고도 건강하게 채워줄 수 있는 방법이기에 더 큰 의미가 있습니다.

다이어트, 스트레스 해소, 행동 교정까지!

놀이는 심리적인 즐거움뿐만 아니라 다이어트에도 큰 도움이 됩니다. 고양이는 산책이나 운동을 시키기 어려운 동물인데, 놀이를 통해 자연스럽게 칼로리를 소모시킬 수 있지요. 집 안에 갇혀 있는 고양이의 야생 본능을 해소시켜 스트레스를 줄여주기도 하며 더 나아가 아기 고양이에게는 예절 및 행동 교육에도 효과가 있습니다.

\ 뚱냥이, 놀이로 살을 뺄 수 있어요 /

활동 부족은 칼로리를 소모하지 못할 뿐 아니라 잘못된 식욕 상승을 유발하여 고양이를 비만하게 만들기 쉽습니다. 실제로 집 안에서 기르는 고양이들의 상당수가 뚱냥이입니다. 미국의 경우 중장년기 고양이의 50% 이상이 비만한 것으로 알려져 있는데, 미국에 비해 집 안의 활동 공간이 더 좁은 데다가 간식도 많이 먹이는 한국의 경우 그 비율은 더 높을 것으로 추정됩니다. 놀이는 고양이 운동량의 많은 부분을 차지하기 때문에 놀지 않은 고양이는 쉽게 비만이 됩니다. 또한 뚱뚱해진 고양이는 먹는 것 이외에는 무기력해진 모습을 보이는 경우가 많은데, 결국 비만한 고양이는 놀지 않게 되면서 더욱 살이 찌는 악순환이 반복되게 됩니다. 따라서 고양이가 비만한 경우에는 노력을 해서 고양이가 움직이고 놀도록 해주어야 될 뿐 아니라 다이어트도 병행해야만 좋은 놀이 효과를 거둘 수 있습니다. 실제 비만 고양이의 다이어트 때문에 병원에

고양이 놀이 루틴을 기록하는 일과표

사진 출처 : 스쿱(www.the_scoop.co.kr)

내원한 보호자들에게 놀이를 포함한 일과표를 제공하고 있습니다. 이에 따라 놀이와 다이어트에 성공한 보호자들은 '우리 집 고양이가 원래 하루 종일 누워 있던 애가 아니라, 사실은 이렇게 활발한 아이었구나!' 하고 깨닫는 경우가 많답니다.

165쪽 참고
🐾 고양이 비만을 파악하는 방법

부록 참고
🐾 집사가 직접 오려서 벽에 붙여서 쓸 수 있는 '우리 냥이 놀이 플래너'를 부록으로 수록했어요!

\ 고양이도 스트레스를 받아요 /

놀이는 고양이에게 일상적인 사냥을 대체하는 것이지만, 현실의 사냥은 고양이에게 상당한 스트레스를 주는 것일 수 있습니다. 사냥에 실패할 수도 있고, 이 경우에 굶어야 할 뿐 아니라 사냥 과정에서 크게 다칠 수도 있으니까요. 하지만 반대로 사냥에 성공했을 때에 고양이는 큰 성취감과 기쁨을 누릴 수 있습니다.

집 안에서 키우는 고양이는 사냥에 대한 스트레스는 없지만, 반대로 긍정적인 기분을 느낄 기회도 줄어듭니다. 하루 종일 갇혀 있기에 무료하고 갑갑할 뿐 아니라 자신의 본능을 배출하기 어렵기 때문에 우울해지고 스트레스를 받기 쉽습니다. 이럴 때 집사가 올바른 놀이법으로 놀아주면 고양이는 큰 즐거움뿐만 아니라 성취감까지 얻게 됩니다. 이것은 고양이가 집 안에서 받는 여러 가지 스트레스를 견딜 수 있는 힘이 됩니다.

\ 아기 고양이 행동 발달과 예절 교육 /

놀이는 고양이의 아주 본능적인 행동입니다. 집 안에 사는 고양이가 아니더라도 고양이가 노는 모습을 쉽게 발견할 수 있습니다. 대표적인 놀이가 엄마 고양이가 사냥감을 물어와 사냥을 연습시키면서 노는 형태이지요. 이처럼 놀이는 고양이에게 훌륭한 교육 효과도 가지고 있습니다. 집 안에서 키우는 고양이는 사냥을 배울 필요가 없지만, 사냥 본능을 충족시켜주는 놀이들을 통해 인지 기능을 발달시킬 수 있습니다. 때문에 어린 연령의 고양이일수록 적정한 형태의 놀이를 통해 발달과 교육을 시켜주는 것이 필요합니다.

또 고양이들은 원래 새끼 때 형제 고양이들과 어울려 놀면서 예절을 배우게 됩니다. 서로 어울려 놀다가도 놀이가 너무 격해지거나 일방적인 상황이 되면, 놀아주던 다른 형제는 자리를 뜨고 맙니다. 이런 과정을 통해 어느 지점까지가 놀이인지, 어느 수준에서 공격을 중단해야 상대가 화가 나지 않고 놀이를 지속할 수 있는지 등을 배우게 되지요. 이런 것은 실제로 고양이 세계에서의 예절을 배우는 것인데, 사람과 함께 살 때에도 마찬가지입니다. 아기 고양이가 귀엽다고 마냥 모든 행동을 용인하다가는 버릇없는 고양이로 자라기 십상이지요. 이처럼 놀이를 통해 고양이에게 예절을 알려주는 것은 아주 중요합니다.

> **134쪽 참고**
> 🐾 아깽이 놀이 교육에 대해 더 알아봅시다.

\ 노령묘의 인지력 유지 /

노령 고양이에게도 역시 놀이는 중요합니다. 노령 고양이에게 특히 문제가 되는 것이 인지 기능 저하입니다. 심한 경우 사람의 치매와 비슷한 상태가 되어 집사의 마음을 아프게 하기도 하지요. 이럴 때 놀이가 인지 기능의 저하를 막아줄 수 있는 방법이 될 수 있습니다. 특히 놀이 과정은 사냥을 본 뜬 것이기 때문에 고양이의 시각, 청각, 후각 등 감각 기능의 사용을 독려하고 이들의 기능 저하를 늦출 수  있습니다. 또한 놀잇감을 포착하고 잡는 과정을 통해 운동 신경과 균형 감각, 수염의 사용 등 전신을 골고루 발달시킬 수 있기 때문에 노령 고양이에게 놀이는 아주 유익합니다.

여기서 문제는 노령 고양이는 놀아주어도 어릴 때만큼은 잘 놀지 않는다는 것입니다. 그렇기에 집사는 여러 가지 방법을 동원해서 노력을 기울여야 합니다. 고양이가 예전 같은 반응을 보이지 않는다고 시큰둥해지면 결국 고양이는 점점 더 비활력적이고 무기력한 상태가 된다는 것을 잊지 마세요.

> **145쪽 참고**
> 🐾 노령묘 놀이에 대해 배워봅시다.

PART 2
중요해요! 고양이 마음을 사로잡는 놀이 원칙

지금까지 고양이에게 놀이가 꼭 필요한 이유를 배웠습니다. 이제 의욕에 차서 고양이와 신나게 놀아주면 될까요? 그 전에 '고양이의 마음을 사로잡는 놀이 대원칙'을 먼저 공부해두면 큰 도움이 됩니다. 이번 파트에서는 고양이가 놀고 싶을 때 보이는 행동, 좋아하는 장난감과 놀이 스타일, 그리고 얼마나 자주 놀아주어야 하는지 등 고양이에게 사랑받는 집사라면 꼭 알아야 할 중요한 놀이 원칙들에 대해 알아보도록 하겠습니다.

고양이가 놀고 싶어 하는 자세 시그널

Part 1을 통해서 우리는 고양이의 삶에 있어 놀이는 아주 중요한 요소임을 배웠습니다. 심지어 고양이는 놀이를 아주 좋아합니다. 그렇다면 고양이가 놀고 싶을 때, 집사에게 어떤 시그널을 보낼까요? 놀이 대원칙을 배우기 전, 먼저 알아봅시다.

\ 배를 보이며 뒹굴뒹굴 굴러요 /

바닥에 등을 붙이고 배를 보인 상태로, 머리를 한쪽으로 치우치거나 뒷다리를 공중에 띄우고 뒹굴거립니다(social roll). 이는 놀이에 초대하는 신호이자, 사회적인 상대에게 보내는 친근한 메시지입니다.

\ 옆에 다가와서 몸을 쭉 세워요 /

놀고 싶은 상대의 옆에서 갑자기 몇 초간 몸을 길게 쭉 세우는 것 역시 놀고 싶다는 신호입니다(stand-up sign). 다리를 곧게 세우고, 꼬리도 길게 쭉 세우죠.

\ 옆으로 다가와요 /

고양이는 놀고 싶을 때 몸의 측면을 보여주면서 다가오기도 합니다(side-step). 이때 등은 대체로 굽어 있고, 꼬리는 그림처럼 시작 부위는 위로 올라갔다가 나머지 부분은 아래로 처져 있는 경우가 많습니다. 고양이는 이 자세로 놀고 싶은 상대의 주변을 빙빙 돌 듯 왔다 갔다 하기도 합니다.

\ 수평으로 깡충깡충 뛰어요 /

'옆으로 다가오기' 자세를 취한 상태로 깡충 깡충 뛰면서 놀고 싶은 상대에게 접근하거나 멀어지기도 합니다(horizontal leap). 고양이가 아주 놀고 싶은 상태로, 주로 어린 고양이에게서 흔히 나타나는 자세입니다.

\ 두 발로 서요 /

고양이가 두 발로 선 채 앞발을 드는 자세 역시 놀이와 관련되어 있습니다. 이때 앞발은 종종 양쪽으로 뻗어서 장난감 대상을 때리거나 그러잡기 위한 자세를 취한답니다.

\ 앞발로 때려요 /

'두 발로 서기' 자세를 취하다가 문득 앞발을 들어 상대를 때리거나 내리칠 수 있습니다(pounce). 뒷다리를 땅에 붙인 자세에서 이런 때리기 자세를 취하기도 하고, 아니면 몸을 세운 상태에서 하기도 합니다. 앞발 한쪽을 들어 톡톡 때리는 것이 일반적이지만(특히 장난감을 대상으로 할 때에는) 양쪽 앞발을 이용해서 그러잡는 듯한 자세를 취하기도 합니다.

지금까지 고양이가 놀고 싶어할 때의 자세 시그널에 대해 알아보았습니다. 하지만 고양이가 이런 자세를 취할 때, 가끔 집사들은 '얘가 지금 놀고 싶어서 이러는 건지, 싸우고 싶어서 이러는 건지' 헷갈릴 때가 있습니다. 심지어 고양이가 집사를 대상으로 이런 자세를 취할 때도 마찬가지이지요. 놀고 싶을 때와 싸우고 싶을 때의 미세한 차이점을 미리 알아두면 고양이 마음을 파악하는 데에 큰 도움이 될 것입니다.

54쪽 참고

🐾 놀 때와 싸울 때를 구분하는 법, 미리 알아둡시다!

고양이가 놀 때는
싸울 때와 이렇게 달라요

서로 놀 때

놀 때는 서로 역할을 바꿔요

놀이의 경우에는 보통 한 고양이가 공격을 했다가도, 다른 고양이가 뒤이어 공격을 하는 경우가 많습니다. 서로 쫓고 쫓기는 경우에도 번갈아가며 우다다 뛰어다니는 경우가 많습니다.

놀 때는 공격적인 울음소리가 들리지 않아요

고양이가 진짜로 싸울 때에는 "하악" "으르렁" 혹은 아주 큰 소리로 "야~옹!" 이렇게 공격적인 울음소리를 내는 경우가 흔합니다. 하지만 놀 때에는 이런 울음소리가 들리지 않습니다.

발톱을 관찰해보세요

놀고 있을 때에는 발톱을 잘 세우지 않아요.

털을 세우지 않아요

고양이가 진짜 공격을 취할 때에는 등을 따라 꼬리까지 털을 세웁니다. 극도로 흥분했기 때문에 털이 서기도 하지만, 적 앞에서 자신의 몸집을 크게 부풀리는 효과 또한 있습니다. 놀 때에도 흥분하면 털을 세울 수 있지만 싸울 때만큼 꼿꼿하게 세우지 않습니다.

긴장감이 느껴지지 않아요

고양이가 서로 싸울 때에는 기 싸움이 대단합니다. 사실 보고 있는 집사에게도 위압감이 느껴질 정도이지요. 싸움 촉발 전 얼마 동안 서로 간에 눈을 또렷이 쳐다보면서 긴장이 고조되는데, 이때 고양이는 긴장감에 귀를 수평으로 내리거나, 눈동자가 산동되거나, 코를 핥기도 합니다. 놀이라면 이런 식의 긴장감은 느껴지지 않아요.

산동과 축동

고양이 눈은 파란색, 녹색, 갈색 등 다양한 색깔이 있습니다. 이렇게 눈의 색깔을 띄는 부분을 홍채라고 하는데, 그 가운데에 검게 비어 있는 부분을 동공이라고 합니다. 동공을 통해 고양이는 빛을 받아들여 사물을 인식할 수 있지요. 이 동공은 빛의 밝기 수준이나 고양이의 감정 상태에 따라서 크게 확대되기도 하고, 좁게 수축하기도 합니다. 흔히 우리가 귀여워하는 애니메이션 〈슈렉〉 속 '장화 신은 고양이'의 그렁그렁한 눈망울은 사실 고양이의 동공이 크게 확대된 상태이지요(산동). 반대로 밝은 곳에서는 눈이 부신 고양이의 동공이 가늘게 수축된 것을 볼 수 있습니다(축동).

산동(위)과 축동(아래)

서로 뒤엉켜서 뒹굴거려요

그림처럼 보통 놀 때는 서로 가까운 거리에서 뒹굴거리며 투닥거립니다. 두 마리 모두 귀가 서 있는 상태로 잘 유지되고 있죠? 발의 발톱도 나오지 않았어요. 싸울 때에는 거리를 두며 긴장 상태를 유지합니다.

쉽게 주의가 흐트러져요

고양이들은 노는 도중에 다른 흥미거리가 생기면 금방 주의가 흐트러집니다. 예를 들어 고양이 둘이서 놀다가도 어디선가 부스럭거리는 소리가 들리면, 둘 다 일제히 그쪽을 휙 쳐다보며 관심 대상을 바꿀 수 있지요. 또 같이 놀던 고양이 중 하나가 갑자기 창문에 올라가더니 바깥을 관찰하기도 해요. 놀이 시간에는 이렇게 쉽게 흥미거리가 바뀌기도 한답니다.

서로 싸울 때

필수 자원에 접근하지 못하게 해요

보통은 싸움이 벌어지는 위치부터 의미가 있는 경우가 많습니다. 서로 사이가 나쁜 고양이는 상대가 필수 자원에 접근하는 것을 막는 모습을 흔히 보입니다. 예를 들어 화장실로 진입하는 통로를 막는다거나, 문 앞에서 못 들어오게 막는 것이지요. 싸움은 이런 곳에서 촉발되는 경우가 많습니다.

눈 모양의 변화를 관찰해요

싸움이 시작되기 전 상대를 똑바로 노려보면 상대 역시 노려봅니다. 이때 고양이는 거의 고개를 돌리지 않고 눈도 잘 깜빡이지 않습니다. 이런 상태가 오래 유지되는 경우가 많은데, 지켜보는 이도 긴장감을 느낄 정도로 냉랭한 분위기가 유지됩니다.

설사 싸움이 벌어지지 않았더라도 혹은 잠깐의 싸움이 벌어진 뒤 둘이 멀어질 때에도 한 마리는 상대를 계속 똑바로 응시하곤 합니다. 이때 눈은 산동되는 경우가 많습니다. 상대가 떠날 때까지 긴장감을 늦추지 않는 것이지요.

귀를 보면 알 수 있어요

공격자 고양이는 귀를 앞쪽으로 곧추세우고 수염이 앞으로 뻗는 등 전향적인 자세를 취하는 경우가 많습니다. 반면 방어적인 고양이는 귀가 뒤집어져서 얼굴에 붙이거나 수평으로 납작하게 하는 경우가 많습니다. 이처럼 고양이의 공격 혹은 방어적인 자세를 통해서 고양이가 싸움 상태인지를 알 수도 있습니다.

수평으로 납작하게 내린 방어적인 고양이의 귀

고양이는 새로운 것을 좋아해요

고양이와 놀아주다 보면 처음에는 분명 잘 가지고 놀았던 장난감인데 금세 시큰둥해져서 그 뒤로는 전혀 관심을 보이지 않는 경우를 보게 됩니다. 그러다 보면 집사의 관심도 덩달아 떨어져서 놀아주는 것에 재미를 잃게 되지요. 고양이는 왜 이렇게 까다롭게 구는 걸까요?

\ 장난감은 곧 고양이의 사냥감! /

놀이는 고양이에게 사냥입니다. 그렇다면 고양이가 가지고 노는 장난감은 고양이에게 어떤 역할을 하는 걸까요? 바로 사냥감입니다! 때문에 고양이는 방금 전에 잡았던 장난감이 방 구석에 그냥 방치된 채로 있게 되면 마치 죽어 있는 것처럼 느끼게 되고 더 이상은 그 장난감에 흥미를 가지지 않게 됩니다. 이것을 전문적으로는 장난감에 '습관화(habituation)'되었다고 표현합니다. 연구에 따르면 같은 장난감으로 고양이와 3차례 연속적으로 놀아주었더니, 고양이는 그 장난감에 완벽히 습관화가 되어서 더 이상은 사냥하려는 욕구를 보이지 않았다고 합니다. 반면 새로운 장난감을 주게 되면 고양이는 다시 흥미를 보이며 사냥을 합니다. 이렇게 고양이는 놀이감을 사냥감과 결부시켜 '새로운 것을 좋아하는(neophilic)' 성향을 보입니다.

낚싯대, 끝부분만 교체해도 좋아요

장난감을 여러 개 가지고 있다가 한 번에 여러 개를 달기도 하고, 매일 바꾸어서 노출해주면 고양이가 아주 좋아합니다. 또 낡은 것만 교체해도 되니 비용도 절감할 수 있습니다.

사진 출처 : 스쿱(www.the-scoop.co.kr)

60쪽 참고
🐾 장난감과는 달리, 발톱깎이나 이동장 등 습관화될수록 도움이 되는 필수 자원도 있어요.

\ 똑같은 장난감을 새 것처럼 느끼게 하는 방법 /

그렇다면 고양이와 행복하게 놀아주기 위해서는 매일 새로운 장난감을 사서 놀아주어야 하는 걸까요? 그래야만 한다면 고양이 키우기에 정말 많은 돈이 들 겁니다. 하지만 연구에 따르면 다행히도 한 번 사용했던 장난감을 눈앞에서 치웠다가 다른 장난감으로 놀아준 이후 다시 사용했을 때, 고양이는 이 장난감을 마치 새로운 것처럼 받아들였습니다. 또 다른 연구에 따르면 장난감의 색만 바꾸어서 노출해도 고양이는 마치 새것인 양 재미나게 놀이에 임했다고 합니다.

따라서 새로운 장난감을 좋아하는 고양이의 성향은 수백 개가 아닌 단 몇 개의 장난감만으로도 충분히 충족시켜줄 수 있습니다. 특히 집사가 놀아주기 좋은 낚싯대 장난감과 같은 경우에는 막대 부분은 그대로 이용하고, 끝에 달아주는 장난감만 교체해서 바꾸어 노출해도 고양이 입장에서는 새로운 장난감을 가지고 노는 셈입니다.

몇몇 장난감은 집사가 직접 DIY로 만들어주어도 충분합니다. 고양이는 까다로운 듯 보여도 집사에게 너그러운 동물입니다. 원칙을 알고 조금만 신경을 써준다면 고양이의 취향을 맞추어줄 수 있습니다.

174쪽 참고
🐾 집사표 장난감 만들기, 어렵지 않아요!

익숙할수록 도움이 되는 필수 자원도 있어요

고양이 습관화란?

'습관화'란 동물이 어떤 사물에 대해서 익숙하고, 안전하게 느끼는 것을 말합니다. 예를 들어 어릴 때부터 사람과 함께 산 고양이는 TV 소리나 각종 전자 기기에서 나는 소음이 무해하다는 것을 자연스럽게 체득하게 됩니다. 때문에 이런 기기에서 소리가 나더라도 고양이는 편안하게 잠을 자거나 휴식을 취할 수 있습니다.

이런 습관화는 사회화와 거의 같은 시기에 일어나기 때문에 고양이가 사물에 대해 느끼는 친숙함은 아주 어린 나이에 결정됩니다. 뒤늦게 구조한 고양이는 안락한 실내에서 살게 되어도 각종 소음이나 전자 기기가 내는 소음에 편안함을 느끼지 못하고 되려 스트레스를 받을 수도 있답니다.

발톱깎이, 이동장 습관화 들이는 방법

고양이에게 직접 써야 하는 사물들, 예를 들어 발톱깎이나 이동장과 같은 것은 되도록 어린 나이부터 조금씩 긍정적으로 노출해주는 것이 좋습니다. 다음과 같은 과정으로 사물과 조금씩 친해지도록 연습합니다. 발톱깎이를 예로 들어 설명하겠습니다.

발톱깎이와 친해지는 방법

1. 먼저 발톱깎이를 고양이가 밥을 먹거나 놀고 있을 때 멀리서 노출합니다. 처음에는 고양이가 신경을 쓰지 않을 정도로 먼 곳에 마치 가구처럼 놓아두는 것이 좋습니다.

2. 고양이가 별 신경을 쓰지 않는다면 수일 뒤 고양이 근처로 옮겨줍니다.

3. 고양이가 관심을 가지고 냄새를 맡는다면 얼른 간식 조각을 주어서 긍정적인 기분을 만들어줍니다.

4. 이런 과정을 통해 고양이가 발톱깎이의 존재에 대해서 그다지 신경쓰지 않게 되면, 고양이가 밥을 먹고 있을 때 멀찍이서 발톱깎이로 딸깍딸깍 소리를 내보는 것도 좋습니다. 즉, 소리에도 습관화를 시키는 것이지요. 고양이가 신경을 쓰지 않고 밥을 먹는다면 좋은 신호입니다.

5. 시간을 들여 여기까지 성공하였다면 이제 발톱깎이를 들고 고양이를 쓰다듬어줍니다. 발톱깎이를 손에 쥔 채로 고양이의 얼굴을 만져주다가 발까지 쓱 쓰다듬어봅니다. 이때 발톱깎이가 직접 몸에 닿지 않도록 손등으로 쓰다듬는 것을 먼저 해야 합니다. 이런 식으로 천천히 익숙하도록 한다면 고양이는 발톱깎이를 좀 더 자연스럽게 받아들일 수 있습니다.

장난감, 어떻게 보관해야 할까요?

장난감으로 잘 놀아주는 것도 중요하지만, 장난감 보관법 역시 집사가 꼭 알고 있어야 할 필수 육묘 상식입니다. 잘못 보관하면 고양이의 놀이 흥미를 떨어뜨릴 수도 있고, 고양이가 장난감을 삼켜서 큰 사고가 일어날 수도 있기 때문입니다. 고양이의 안전을 위해 장난감을 어떻게 보관하면 좋을지, 그리고 집사의 실수로 어떤 사고가 발생할 수 있는지 알아봅시다.

\ 장난감을 꼭 치워야 하는 이유 /

집사가 흔히 하는 실수 중 하나는 바로 장난감을 그냥 고양이 눈앞에 그대로 두는 것입니다. 장난감을 바꾸어 놀아준다 하더라도 이전에 썼던 장난감이 계속 시야에 '죽은 시체 사냥감'처럼 노출되어 있다면 고양이는 해당 장난감에 대해 흥미를 잃을 수밖에 없습니다. 따라서 반드시 놀이가 끝난 뒤에는 장난감을 서랍, 박스에 넣는 등 고양이가 볼 수 없는 곳으로 치워야 합니다.

특히 이렇게 장난감을 치워두는 것은 안전을 위해서도 굉장히 중요합니다. 고양이는 집사가 보지 않는 곳에서 장난감을 가지고 놀다가 일부를 뜯어 먹어버리는 경우가 흔하기 때문입니다. 만약 장난감 인형의 눈이나 꼬리 같은 것을 뜯어 먹을 염려가 있다면, 아예 잘라버리고 주는 것도 좋습니다. 누차 이야기하지만 고양이는 디자인에는 관대하기 때문에 안전을 더 우선시하는 것이 낫습니다.

109쪽 참고
🐟 새로운 것을 좋아하는 고양이 습성에 딱 맞는
요일별 낚싯대의 효과적인 활용법과 보관법

\ 놀다가 실을 삼키면 큰일나요! /

고양이는 실을 가지고 노는 것을 굉장히 좋아하지만 놀다가 실을 삼키는 경우도 허다합니다. 혀의 독특한 구조 때문에 많이 발생하는 사고지요.

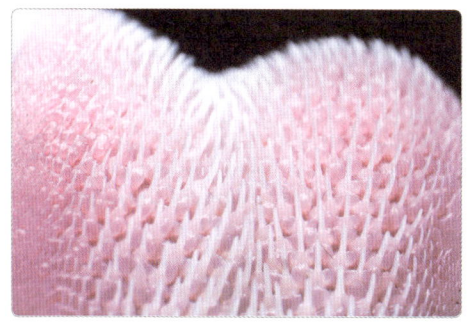 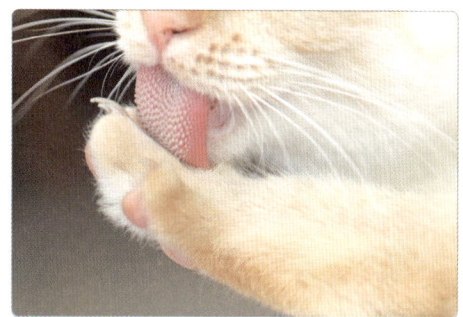

고양이 혀의 바늘은 사실 실 모양 유두랍니다.

고양이의 혀는 까슬까슬한 바늘로 뒤덮여 있는데, 이 바늘들은 털을 잘 고르기 위해서 역방향으로 나 있습니다. 때문에 실을 가지고 놀다 보면 저도 모르게 실을 삼키게 되는 것이죠.

털실 속에 파묻힌 고양이. 사진으로 보기에는 무척 귀엽지만, 고양이가 실을 삼킬 수도 있으니 털실은 반드시 박스나 서랍 안에 보관해야 한다는 사실을 잊지 마세요.

이렇게 삼켜진 실은 고양이에게 굉장히 위험합니다. 얼핏 딱딱한 돌멩이 같은 것이 더 위험하지 않을까 생각되지만, 고형의 이물은 빨리 발견한다면 개복 수술 없이도 내시경을 통해 제거할 수 있습니다. 하지만 실과 같은 선상 이물(linear foreign body)은 위에 뭉쳐 있다가 일부만 장을 따라 구불구불 내려가게 되는데, 어느 순간 마치 치맛단의 실처럼 쭉 당겨지면서 장을 손상시킬 수 있습니다. 이때 장이 찢어지기도 하기 때문에 아주 위험합니다.

또 주의해야 할 때는 실을 먹었을 때 실의 일부가 혀의 뿌리 부분에 걸려 있는 경우예요. 이것을 풀어주려고 절대 잡아당겨서는 안 됩니다. 앞서 설명한 것처럼 이미 실의 일부는 식도와 위로 쭉 내려갔을 가능성이 높은데, 실을 잡아당기게 되면 장기가 찢어지는 큰 사고로 이어질 수 있습니다. 따라서 이런 상태가 발견된다면 반드시 병원을 찾아서 이물을 제거해야만 합니다.

고양이에게 새로움을 주기 위해서 보이지 않는 곳에 장난감을 보관해야 하기도 하지만, 안전을 위해서도 서랍이나 박스 안에 꼭 보관해야 합니다!

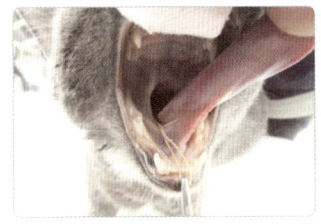

고양이 혀에 걸린 실

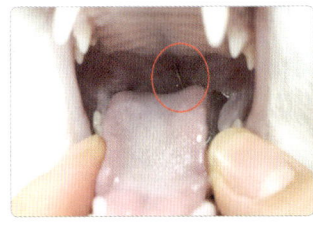

빨간 원으로 표시된 부분에 바늘이 박혀 있습니다.

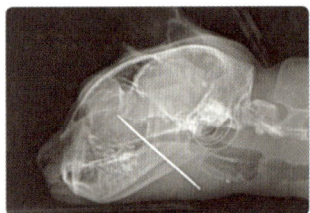

X-RAY에서도 바늘이 걸린 것이 확인되기도 합니다.

사냥을 최대한 비슷하게 흉내내주세요

놀이는 사냥을 최대한 잘 모사해야 합니다. 그렇다면 집사들이 고양이가 어떻게 사냥을 하는지 잘 알아야 최대한 사냥을 모사해서 놀아줄 수 있겠지요? 이번에는 고양이가 사냥하는 방법에 대해서 배워보도록 하겠습니다. 고양이 사냥은 다음과 같이 6단계로 이루어집니다.

\ 1단계 : 사냥감 탐색하기 /

먹이를 사냥에 의존해서 살아가는 고양이는 하루 24시간의 무려 50%가량을 사냥감을 탐색하고 사냥하는 데에 소비하는 것으로 알려져 있습니다. 이처럼 먹잇감의 탐색은 고양이에게 중요한 일입니다.

사냥감을 탐색할 때 고양이는 시각과 청각을 두루 이용합니다. 청각의 경우 주요한 사냥감인 쥐가 내는 높은 고주파를 듣고 사냥감의 위치를 파악하게 되지요. 때문에 최근에는 이런 특징을 이용한 장난감들도 많이 출시되어 있습니다. 집사들이 고양이를 위한 장난감을 구입할 때 이런 점들을 염두에 둔다면 고양이가 더 마음에 들어 하는 장난감을 고를 수 있습니다.

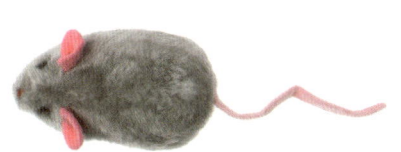

집사의 쥐돌이 활용법
마치 쥐가 움직이는 것처럼 이불 밑에 숨어서 꿈틀거리거나, 구석이나 침대 밑으로 빼꼼 나왔다가 숨는 것을 반복하며 놀아주세요. 이렇게 장난감을 움직이면 고양이의 사냥 본능이 꿈틀댈 수밖에 없답니다.

굳이 이런 장난감을 사용하지 않더라도 집사가 놀아줄 때에 사냥감으로서의 쥐를 잘 모사한다면 고양이를 놀이의 세계로 유혹할 수 있습니다. 놀아준다면서 무작정 장난감을 휘두르는 집사들도 있는데, 이런 것은 고양이에게 구경거리일 뿐, 진정한 사냥으로 느껴지지 않을 수 있습니다.

\ 2단계 : 사냥감 미행하기 /

사냥감을 포착한 고양이는 무작정 달려드는 것이 아니라 조심스레 사냥감의 뒤를 쫓습니다. 풀숲에 몸을 숨겨 낮은 자세로 살금살금 이동하는데, 꼬리도 낮게 낮추는 경우가 많습니다. 또는 아예 몸을 낮춘 상태로 바닥에 바짝 엎드리기도 합니다. 이 모습은
마치 사람이 누군가를 미행하는 모습을 떠올리게 합니다.

특히 고양이가 소심한 경우라면 이 단계에서 공격을 과감하게 실행할 수 있도록, 집사는 '천적을 눈치채지 못한 사냥감'처럼 천연덕스럽게 장난감을 움직이는 것이 좋습니다. 그러면 고양이는 적극적으로 따라오지는 않더라도 몸을 낮추고 웅크리면서, 언제든지 튀어나갈 수 있는 준비를 하게 됩니다.

놀지 않을 때도 이 자세를 취해요
'사냥감 미행하기' 자세를 가끔 '놀지 않아요!'로 표현하는 경우도 있는데, 이것은 로켓이 발사되기 직전과 같은 상태이기 때문에 고양이가 사냥감으로 달려들 수 있도록 집사가 잘 유인해주는 것이 필요합니다.

\ 3단계 : 사냥감 추적하기(빠르게 쫓기) /

낚싯대로 놀아줄 때 먹잇감을 흉내내서 고양이의 주의를 끄는 데에 성공했다면, 그 다음으로 약간 빠르게 이동하면서 고양이의 사냥본능이 확 상승하도록 해줍니다. 마치 고양이

입장에서 낚싯대를 보았을 때 '지금 덮치지 않으면 놓칠 것 같다옹!' 하고 느끼도록 낚싯대를 빠르게 움직이는 것이지요. 그럼 고양이가 재빠르게 몸을 일으켜서 사냥감을 잡기 위해 달려들 것입니다.

소심한 고양이라면 너무 과격하게 움직이는 것보다 조금만 노력하면 잡을 것 같지만 지금 몸을 일으켜 세우지 않으면 먹잇감이 도망가버릴 것 같은 느낌을 연출하며 낚싯대 끝의 장난감을 이동해줍니다.

\ 4단계 : 사냥감 덮치기 /

고양이가 사냥감을 거의 따라잡게 되면 이제 사냥감을 덮치게 됩니다. 한 번에 먹잇감을 낚아챌 수도 있겠지만, 고양이가 쥐를 사냥하는 때와 마찬가지로 보통은 여러 번의 덮치고 놓치는 과정 끝에 지쳐버린 사냥감을 포획하기 때문에 이 과정에서는 여러 번의 때리기, 덮치기 등이 포함됩니다.

이때 집사는 포식자를 피해 필사적으로 도망가는 먹잇감이 되어 이리 뛰고 저리 뛰고 점프하고 날았다가 착지하는 등 격렬하고 다양한 움직임을 보여주면 좋습니다. 고양이가 놀이의 극한을 오래 유지할 수 있도록 최선을 다해 '광적(maniac)'으로 놀아줄수록 고양이가 좋아합니다.

고양이와 '광적'으로 놀아야 한다고요?

'광적'이란 표현이 다소 거칠게 느껴질 수 있지만 이는 실제로 국제 고양이 학회 등에서 보호자를 대상으로 고양이 놀이를 교육할 때 사용하는 단어랍니다. 그 정도로 이 과정에서는 혼신의 힘을 다해 고양이와 놀아주면 좋습니다. 집사가 땀이 나고 운동이 될 정도로 느껴진다면 합격입니다!

\ 5단계 : 사냥감 잡기 /

고양이는 몸을 날리며 사냥감을 후려치고 낚아채는 과정 끝에 드디어
사냥감을 잡게 됩니다. 고양이에게 사냥은 굉장한 흥분을
제공하지만 동시에 사냥 과정에서 다칠 수도 있을 뿐
아니라 사냥에 실패할 수도 있다는 두려움도 존재
합니다. 때문에 사냥감을 잡는 것에 성공하는 순간
고양이는 단순히 먹잇감을 확보했다는 안도감을 넘어
서는 커다란 기쁨과 성취감을 느낄 수 있습니다. 이
것은 마치 사람의 업무와도 비슷합니다. 반드시 성
공시켜야 하는 커다란 업무를 맡는다면 분명 압박감도 굉장
히 심할 겁니다. 하지만 업무를 성공리에 완수하면 단순히 '일을 끝냈다'는 정도가 아닌 커다란
성취감 또한 느낄 수 있습니다.

물론 현실의 사냥에서 고양이가 먹잇감을 포획할 확률은 최대 50% 미만인 것으로 알려져 있습
니다. 야생 고양이의 삶도 사람만큼이나 녹록하지 않지요. 집 안에서 기르는 고양이는 사냥으
로 음식을 조달할 필요가 없는 풍족한 삶을 살고 있지만 고양이로서의 본능 표출의 기회가 거
세된 정신적 스트레스 속에 살고 있는 것을 우리는 이미 자세히 배웠습니다.

따라서 놀이 과정에서 고양이가 사냥감을 성공적으로 잡도록 함으로써 고양이에게 커다란 정
신적 만족감을 제공해줘야 합니다. 이것은 고양이의 스트레스 해소의 가장 큰 방법일 뿐 아니
라, 고양이가 하루 종일 갇혀 지내면서도 곧 다가올 놀이 시간을 떠올리며 스트레스를 이겨낼
수 있도록 하는 가장 좋은 방법이기도 합니다.

\ 6단계 : 사냥감 다듬기 /

고양이는 일단 잡은 사냥감을 그 자리에서 먹을 수도 있지만, 자신이 더 안전하다고 여기는 중심 영역으로 옮겨와서 먹기도 합니다. 하지만 안전 지역에 도착했다고 해서 고양이가 바로 사냥감을 먹는 것은 아닙니다. 그보다는 먹기 전에 한동안 먹잇감을 툭툭 치거나 굴리면서 마치 가지고 노는 것처럼 시간을 보내는 경우가 많습니다. 이 과정은 기능적으로는 깃털 같은 것들은 먹지 않기 때문에 사냥감을 먹기 좋도록 다듬는 과정이지요.

그런데 사냥감을 먹지 않는 경우에도 고양이는 한동안 사냥감을 다듬는 모습을 보이기도 합니다. 학자들은 이 과정이 사냥 과정에서 발생하는 긴장(실패의 두려움, 부상의 위험)을 완화하는 일련의 대체 과정이라고도 보고 있습니다. 따라서 5단계에서는 사냥에 성공한 뒤 한동안 고양이가 장난감을 물고 뜯으면서 사냥의 성취감에 젖어 있도록 시간을 주도록 합니다.

먹지도 않을 거면서 왜 사냥할까요?

외출하는 고양이나 야생의 고양이들을 보면 먹지 않는 경우에도 사냥을 해서 마치 놀잇감처럼 잡은 사냥감을 가지고 노는 것을 종종 볼 수 있습니다. 대체 왜 이러는 걸까요?

사실 이런 특성은 사냥으로 살아가는 육식 동물에게 흔히 보이는 특성입니다. 배가 고파졌을 때 딱 사냥감이 나타나준다면 가장 좋겠지만 사실 그럴 확률은 높지 않지요. 따라서 배가 고파질 때까지 기다렸다가 사냥을 하는 것은 야생에서는 기아로 이어질 수 있는 굉장히 위험한 전략이 됩니다. 때문에 기회가 된다면 일단 사냥을 하고, 먹는 것은 그 다음에 결정을 하는 것이 일반적이지요.

고양이의 비밀스러운 3가지 영역

자유롭게 돌아다니는 고양이는 위와 같이 3가지 범주의 구역을 가지고 있습니다. 가장 가운데 위치한 곳이 바로 '중심 영역(core territory)'입니다. 이곳은 음식을 먹거나 자고 쉬는 영역으로, 고양이가 가장 안전하게 여기는 공간입니다. 그 주위를 둘러싸는 '고양이의 영역(territory)'이 있습니다. 고양이는 이 공간을 자신의 영역이라고 여기기 때문에 그 가장자리에는 소변이나 배변을 이용해서 영역을 표시하기도 하고, 다른 사회적 그룹의 고양이를 만나면 쫓아내는 등 적극적으로 이 영역을 지키는 모습을 보입니다.

그 주위를 '행동권 영역(home range)'이 둘러싸고 있는데, 이 공간은 고양이가 돌아다니는 모든 공간을 포함합니다. 행동권 영역은 고양이가 자신의 영역을 주장하며 적극적으로 방어하는 곳은 아닙니다. 고양이는 보다 넓은 범주에 속해 있는 사냥터에서 사냥을 한 뒤 안전하다고 생각되지 않는다면 중심 영역으로 먹이를 가져와서 음식을 먹습니다.

음식 포상을 잊어버리지 않았나요?

고양이에게 놀이는 훌륭한 사냥입니다. 그런데 성공리에 사냥을 마쳤는데도 정신적 성취감만 얻을 뿐 배는 불러지지 않는다면 어떨까요? 처음에는 놀이에 적극적이었던 고양이도 시간이 흐르면서 점점 놀이를 헛되게 느끼고 흥미를 잃어갈 수 있습니다. 때문에 고양이가 놀이에 성공하여 사냥감 다듬기를 마쳤다면, 그때를 놓치지 않고 즉시 음식 포상을 하는 것이 좋습니다.

\ 음식 포상은 고양이에게 만족감을 선사해요 /

놀지 않는 고양이 때문에 고민인 집사들이 여러 가지 정보를 찾아보고 고양이와 열심히 놀아주는 것을 보게 되는데, 이때 가끔 빠뜨리는 부분이 바로 놀이 말미의 '음식 포상'입니다.
고양이가 잡은 장난감을 마치 사냥감처럼 물고, 뜯으며 즐거운 시간을 보낼 때에 집사는 조용히 고양이를 위한 음식을 준비합니다. 그리고 고양이가 다듬기를 모두 마치고 아주 득의양양한 자세로 걸어나올 때를 노려 즉시 준비한 음식을 제공하면 고양이는 사냥에 성공한 정신적 만족감뿐 아니라 음식을 먹고 배가 채워지는 기쁨까지 누릴 수 있습니다.

\ 음식 포상, 언제 어떻게 주는 것이 좋을까? /

제한 급식을 하는 고양이라면 정해진 한 끼 분량을 주고, 자율 급식을 하는 고양이라면 고양이에게 습식 사료로 밥을 줄 수 있습니다. 습식 사료의 경우 입을 댄 뒤 방치하게 되면 오염이나 부패의 우려가 있기 때문에 음식을 준 뒤 20~30분 뒤에는 사료를 치우고 버리는 것이 좋습니다. 따라서 자율 급식에는 습식 사료는 적당하지 않습니다. 그보다는 놀이 이후에 제공한 뒤 고양이가 충분히 먹고 시간이 경과했다면 치워주면 됩니다.
놀이 의욕이 많이 떨어져 있는 고양이라면 놀이 이후에 고양이가 가장 좋아하는 간식을 주는 방법도 좋습니다. 단, 이 경우에는 놀이 이후를 제외하고 평소에는 간식을 주어서는 안 됩니다. 놀이 후에만 먹을 수 있는 특식이라 생각되어야 놀이에 대한 흥미를 더욱 높일 수 있을 뿐 아니라, 간식을 자주 주는 경우 살이 찌기 쉽기 때문입니다. 비만은 활동성을 떨어뜨리고 다양한 욕구를 저하시키는 가장 큰 요인이 되기 때문에 고양이를 활력적으로 기르고 싶다면 비만이 되지 않도록 유의해야 합니다.

집사가 꼭 기억해야 할 고양이 상황별 음식 포상법

제한 급식을 하고 있다면? → 정해진 한 끼 분량으로 포상합니다.
자율 급식을 하고 있다면? → 습식 사료로 밥을 줄 수 있습니다(단, 20~30분 뒤에는 치워주세요).
놀이 의욕이 없다면? → 놀이 이후 가장 좋아하는 간식을 줄 수 있습니다(단, 평소에는 간식을 주지 마세요).

\ 행동 교육을 위해 간식을 줄 때 주의사항 /

그런데 우리가 매일 고양이에게 간식을 주게 되는 경우도 있습니다. 바로 행동 교육을 할 때인데요. 그렇다면 간식의 양이 너무 많아지지 않을까요?

고양이 행동 교육에 '도박사의 법칙'을 적용할 수도 있습니다. 도박사의 법칙이란 도박에서 돈을 잃고 있을 때 언젠가 돈을 딸 수 있을 것이라고 막연하게 믿지만, 현실적으로는 그렇지 않기 때문에 더욱 도박에 집착하게 되는 현상을 말합니다. 고양이 행동 교육에서도 마찬가지이지요. 어느 날 문득 고양이가 자신이 특정 행동을 했을 때 집사의 포상을 받는다는 것을 인지하게 된다면, 집사는 칭찬은 매번 해주되 실제 간식 포상은 가끔씩만 해주는 것이 교육 효과를 더욱 높일 수 있습니다. 그럼 고양이는 행동 교육에 더욱 열심히 참여하게 되겠지요. 또한 이런 방법을 통해 전체 간식 급여량을 조절할 수도 있답니다.

행동 교육 시 간식의 양

교육을 위해 간식을 줄 때에는 사실 새끼 손톱 크기 정도로 작게 자른 간식을 주는 것이 좋습니다. 단순히 간식을 적게 먹이기 위해서가 아니라 이렇게 해야만 얼른 먹고 다시 교육에 집중할 수 있기 때문입니다.

고양이 간식 주는 요령

간식, 자주 준다고 좋은 게 아니에요

집사는 고양이가 조금이라도 즐겁기를 바라며 간식을 줍니다. 하지만 매일 일정하게 간식을 주면 오히려 고양이의 즐거움이 줄어든다는 것을 알고 있나요? 출근할 때나 저녁에 1개씩, 이렇게 '특별한 음식'이라고 생각하고 간식을 주지만, 이렇게 꾸준히 간식을 주면 고양이는 이것을 당연히 먹어야 하는 하루의 '기본 식사'라고 생각합니다. 반면에 식기에 담겨 있는 사료는 거기에 비하면 정말 맛이 없는, 억지로 먹어야 하는 식사가 되게 됩니다.

건강하게 간식 주는 방법

간식을 불규칙적으로 가끔 주는 경우

간식을 매일 주는 경우

간식은 사람 입장에서는 주말에 즐기는 치맥과 같은 개념이라 보는 것이 더 적당합니다. 매일 간식을 주는 것보다는 1주일에 한두 번 정도 고양이가 예상할 수 없을 때에 주는 것이 고양이에게 더 큰 삶의 즐거움을 제공할 수 있습니다.

물론 영양학적인 면에서도 이렇게 간식을 주는 것이 좋습니다. 우리가 고양이에게 주는 사료는 얼핏 밋밋하게 보이지만 이미 영양소 비율을 맞추어놓은 것입니다. 때문에 여기에 무언가를 덧붙여 주는 순간 영양적인 균형이 깨지게 됩니다. 더구나 간식을 통해 과식을 하게 되면 비만해지는 것은 물론입니다.

따라서 간식은 매일 주지 않고, 1주일에 한두 번 주는 것이 좋으며, 그 양도 하루 급여 에너지의 5~10% 수준을 넘지 않도록 해야 합니다. 고양이의 하루 급여량은 여러 가지 공식을 통해서 구할 수 있는데, 젊고 활동적인 고양이라면 kg당 60kcal 정도, 나이 들어 활동성이 떨어진 고양이라면 45kcal 정도 급여할 수 있습니다. 여기의 5~10% 칼로리 미만의 간식을 급여하는 것이 적당합니다.

고양이의 하루 필요 에너지(kcal)

- 젊고 건강한 고양이=체중(kg)×60
- 활동성이 저하된 노령묘=체중(kg)×45

얼마나 놀아주어야 할까?

놀이 강연을 하다 보면 많은 집사분들이 "고양이와 얼마나 놀아주어야 되나요?" 하고 질문을 합니다. 통상적으로 흔히 권장되는 시간은 하루 30분 수준이지만, 정확한 답은 사실 '고양이의 놀이 욕구 수준에 맞추어 하루에 여러 번 놀아주는 것'입니다.

\ 짧지만 강하게 놀아주세요 /

1살 이하의 어린 아깽이들은 하루 종일 놀아도 더 놀고 싶어 하기 때문에 시간되는 대로 자주 놀아주는 것이 좋고, 나이 먹은 고양이들은 놀이 욕구가 떨어질 수밖에 없기 때문에 고양이가 활력적이 되는 저녁 등을 노려 잠깐 놀아주는 것이 적당합니다.

이때 원칙은 '짧지만, 강하게'입니다. 고양이가 계속 놀고 싶어한다면 계속 놀아주어도 무방하지만 고양이는 대체로 짧고 강한 자극을 선호하는 경향이 있습니다. 현실의 고양이 사냥 역시도 몇 시간에 걸쳐서 길게 일어나는 것이 아니라 짧은 시간 안에 강력한 긴장감 속에 이루어지기 때문입니다. 비슷하게 스킨십의 경우에도 오랫동안 지속되는 것보다는 '짧게, 자주' 해주는 것을 흔히 선호합니다.

76쪽 참고

 고양이를 쓰다듬었는데 갑자기 깨문다고요? 적당한 스킨십 정도에 대해 알아봅시다.

> **놀이 욕구가 떨어지는 고양이라면?**
> - 길게 한 번 놀아주는 것보다 강한 호기심을 불러 일으키도록 짧고 강하게 놀아주는 편이 좋습니다.
> - 15분에 걸쳐 한 차례 놀아주고, 1번 정도 더 놀아줘서 하루 2번 총 30분 정도 놀아주면 필요한 활동성을 채울 수 있습니다.

자기가
쓰다듬어달라고 해놓고,
갑자기 왜 깨물까요?

> 우리 집 고양이는 스킨십을 아주 즐겨요. 그래서 가만히 있는 저한테 와서 쓰다듬어달라고 머리를 비비거나, 앞발로 제 손을 끌어갑니다. 그래서 머리나 등을 쓰다듬어주면 아주 만족한 표정으로 즐기는데, 문제는 이렇게 쓰다듬으면서 TV나 핸드폰을 보고 있으면 갑자기 돌변해서 고개를 돌려 손을 꽉 깨물어요. 아프기도 하고 정말이지 화가 납니다. 대체 왜 이러는 걸까요?

이 고양이는 정말 집사의 손길을 즐기는 것 같습니다. 쓰다듬어달라고 직접 손을 끌어가기도 하니까요. 그런데 왜 스킨십을 즐기다가 갑자기 손을 깨무는 것일까요?

사실 짧은 자극을 선호하는 것은 놀이뿐 아니라 스킨십에 있어서도 마찬가지입니다. 많은 고양이들은 스킨십을 받는 데에 있어 인내심이 길지 않습니다. 물론 고양이들은 '고바고'라서 예외적으로 아주 긴 스킨십을 좋아하는 아이도 있지만, 대다수의 경우에는 손길을 즐기다가도 금방 자신의 한계 수준에 다다르게 됩니다.

이런 경우 처음에는 고양이 입장에서 다소 정중하게 그만하라는 의사 표시를 하게 됩니다. 귀를 납작하게 한다든지, 털을 움찔거린다던지, 꼬리를 휙휙 흔들거나 탁탁 치거나 고개를 갑자기 휙 돌리는 것은 모두 고양이가 '이제 그만해라'고 의사를 표시하는 것입니다. 하지만 사람들이 이런 행동 언어를 이해하지 못하거나, 혹은 이 사연 속 집사처럼 핸드폰이나 TV를 보느라 이런 시그널을 알아차리지 못하면 고양이의 인내심은 폭발하게 되어 그만 집사를 콱 무는 경지에까지 이르게 되는 것입니다. 따라서 스킨십도 짧게 자주 해주는 것이 일반적인 고양이에게는 추천됩니다.

다만 이때 주의해야 할 점은 이런 시그널을 눈치채지 못해서 고양이가 콱 물거나 손을 때렸다면, 미안해하거나 달래주어서는 안 된다는 점입니다. 고양이 의중을 알아차리지 못한 것이 미안해서 달래주면, 고양이는 무는 행동을 정당화하게 되고, 다음에 이런 상황이 벌어지게 되면 사전 고지 없이 무는 것을 선택할 수 있습니다. 이것이 가장 빠르고 효율적으로 자신의 의사를 전달하는 방법이라 생각하기 때문입니다.

따라서 혹시라도 스킨십을 할 때에 고양이가 나를 깨물었던 이력이 있다면 쓰다듬어줄 때에 미리 고양이를 잘 관찰해서 고양이가 중단을 원할 때 중단하는 것이 좋습니다. 혹은 스킨십 자체를 짧게 해주고, 대신 자주 해주는 것이 더 좋을 수 있답니다.

고양이가 불편함을 호소할 때 표현법

- 귀를 납작하게 내리거나, 뒤로 돌린다.
- 눈이 산동되거나, 눈을 깜빡인다.
- 코를 핥거나, 침을 꿀꺽 삼킨다.
- 털이 움찔거린다.
- 갑자기 휙 돌아본다.
- 빠르게 몇 번 그루밍을 한다.
- 뒷다리로 몇 번 긁는다.
- 꼬리를 휘휙 흔들거나, 위아래로 탁탁 친다.
- 일어나서 다른 곳으로 가버린다.

놀이 루틴을 정해주세요

고양이에게 하루 일과, 즉 루틴이 있다는 사실을 알고 있나요? 집사가 출근할 때 이불 속에 누워서 "사료 값 잘 벌어오라옹!" 신호를 보내며 게으른 하루를 보낼 것만 같지만, 사실 고양이는 규칙적인 일과를 좋아하는 동물이에요. 이러한 고양이의 본능을 지켜주기 위해, 놀이 루틴 역시 매일 지켜주는 것이 중요합니다.

\ 정해진 일과, 루틴이 중요해요! /

길고양이만 봐도 고양이들이 정해진 일과를 잘 지키는 동물이라는 것을 알 수 있어요. 길고양이는 비교적 일정한 시간에 급식소를 들르고 낮 시간에는 좋아하는 담장에서 낮잠을 자거나 그루밍을 하는 등 대체로 정해진 일과를 가집니다. 계절의 변화나 서너 개월에 한 번씩 장소를 이동하지만, 이 경우에도 지켜보면 나름의 '루틴(routine)'을 가지고 있습니다.

이것은 고양이처럼 독립적이고 자신을 스스로 지켜야 하는 동물에게 흔히 보이는 특성입니다. 무리 동물과 달리 다치면 혼자서 살아남기 어려운 동물은 자신을 방어하기 위해 안전하다고 생각하는 영역에서 돌발 행동보다는 정해진 일과를 따라 행동하게 됩니다.

놀이 역시 하루 정해진 일과의 형태로 하는 것이 좋습니다. 예를 들어 집사가 퇴근하고 돌아온 저녁 무렵의 30분~1시간을 놀이 시간으로 정해두는 것입니다. 이렇게 되면 고양이는 점점 저녁 시간에는 신나는 놀이 일과가 있다는 것을 인지하게 됩니다. 그러면 낮에 갑갑하고 스트레스 받는 일을 겪었다 하더라도 마치 어린 왕자에 나오는 여우처럼 저녁의 놀이 시간을 기대하면서 스트레스에 대해 저항성을 가질 수 있습니다.

물론 놀이 욕구가 충만한 고양이를 위해서 정해진 일과 외에 깜짝 놀이 시간을 갖는 것은 아주 좋습니다. 하지만 가능하다면 규칙적인 놀이 일과를 매일 정해주는 것이 고양이의 정신 건강을 위해서 좋다는 점을 기억해주세요.

\ 노령묘 놀이 시간 /

나이가 들어 활동성이 떨어지고 그에 비례해서 놀이 욕구가 줄어드는 고양이라면, 고양이가 놀고 싶어할 때를 맞추어서 놀아주는 것이 좋습니다. 내가 시간이 비고 여유롭다며 자고 있는 고양이를 깨워 오뎅 꼬치를 아무리 흔들어보았자 고양이는 시큰둥해할 뿐입니다.

주야행성 동물인 고양이가 주로 활동하는 이른 저녁에서 밤, 새벽 나절에 놀아주는 것이 좋습니다. 낮에 한참 잠을 자던 고양이가 슬슬 깨어서 움직이기 시작하는 시간대도 좋습니다. 보통 이 시간대에는 아직 밥을 먹기 전인 경우가 많은데, 배고픔은 사냥의 욕구 즉, 놀이 욕구가 가장 충만한 시기이기도 합니다. 이때를 이용해 습식 사료로 거대한 성찬을 차려준다면 노령의 고양이라도 놀이에 대한 욕구를 불러일으킬 수 있습니다.

145쪽 참고
📌 예전처럼 잘 놀지 못하는 노령묘를 위한 장난감,
놀이 환경 만드는 방법에 대해 알아봅시다.

좌절감을 주는 장난감은 피하는 것이 좋아요

놀이를 할 때도 고양이는 좌절감을 느낄 수 있습니다. 집사 입장에서는 귀엽게 보이지만, 사실은 고양이가 엄청 실망하고 시무룩해 있는 상황일지도 모릅니다. 과연 어떤 장난감이나 놀이 방법이 고양이에게 좌절감을 주는 걸까요? 그렇다면 고양이에게 성취감과 사냥의 기쁨을 심어주는 방법은 무엇일까요?

\ 레이저 포인터, 정말 좋은 장난감일까? /

자, 질문을 하나 하겠습니다. '레이저 포인터로 고양이와 놀아주는 것'은 고양이에게 좋을까요? 이제는 잘 알려진 바와 같이 레이저 포인터는 고양이와 놀아주기에 썩 좋은 장난감은 아닙니다. 그렇다면 그 이유는 무엇일까요? 눈에 닿으면 위험하기 때문일까요? 빛에 너무 과잉반응하기 때문일까요?
위의 이유 또한 모두 정답이긴 하지만, 레이저 포인터로 고양이와 놀아줄 때 주의를 기울여야 하는 가장 큰 점은 고양이에게 좌절감을 줄 수 있기 때문입니다. 사냥을 할 때 아무리 노력해도 대상을 잡을 수 없게 되면 큰 좌절감을 느끼게 되지요. 레이저 포인트의 빛은 고양이가 잡을 수 없는 대상이기 때문에 좌절감을 느끼기 쉽습니다.
레이저 포인터로 굳이 놀아주고 싶다면 놀이 말미에 포인터의 점을 고양이가 잡을 수 있는 장난감으로 옮겨가서, 실제로 고양이가 장난감을 잡을 수 있도록 놀이를 마무리 해주는 것이 좋습니다. 또한 고양이가 이렇게 장난감을 잡아서 충분히 물고 뜯은 이후에는 음식 포상을 하는 것 역시 잊어서는 안 되겠습니다.

82쪽 참고
🐾 고양이는 좌절감을 느낄 때 어떻게 행동할까요?

\ 밤새도록 어항을 보는 고양이, 정말 행복할까? /

'어항을 설치해준 뒤로 며칠 밤을 꼬박 새워서 어항을 지켜보느라 고양이가 퀭해졌다'라는 사연을 종종 접하곤 하는데, 집사 입장에서는 고양이의 이런 행동이 무척 귀엽게 느껴집니다.
하지만 이런 행동은 고양이 입장에서는 전혀 자연스러운 것이 아닙니다! 고양이는 고도로 집중해서 단기간 내에 사냥감을 잡는 동물이지, 수일씩 사냥감을 노리고 추격하는 동물이 아니기 때문입니다. 이런 과잉한 집착은 고양이게는 되려 큰 스트레스와 좌절감을 줄 수 있다고 고양이 행동학자들은 경고하고 있습니다.
비단 물고기뿐 아니라 햄스터와 같은 작은 동물 역시 마찬가지입니다. 때문에 작은 동물의 안전과 스트레스, 고양이의 과도한 집착 때문에 둘을 함께 키우는 것은 권장되지 않습니다.

\ 영상을 보는 고양이 /

레이저 포인터뿐 아니라 고양이를 위한 VOD나 놀이 앱 역시 마찬가지입니다. 이 역시 고양이의 관심을 끌 수 있지만, 실제로 잡을 수 없다는 점에서 좌절감을 줄 수 있습니다. 실제 고양이가 모든 사냥에 성공만 하는 것은 아니기 때문에, 이런 장난감을 절대로 쓰면 안 된다는 것은 아닙니다. 다만 내가 스마트폰 게임을 좋아한다고 해서, 고양이에게 이런 디지털 놀이만을 제공해서는 안 된다는 점이 중요합니다. 이런 형태의 놀이는 항상 집사와의 놀이, 즉 고양이가 직접 잡을 수 있는 놀이와 병행해서 제공해야만 합니다.

고양이가 좌절감을 느낄 때 보이는 행동

고양이가 원하는 것이 있지만 도저히 이룰 수 없을 때, 고양이는 사람과 마찬가지로 좌절감을 느낍니다. 사람 입장에서는 별 것 아닌 것으로 보이는 일이라도 고양이 입장에서는 해소되지 않는 욕구이기 때문에 큰 스트레스를 받을 수 있습니다.

아주 크게 야옹야옹 울어요

좌절감을 느낄 때 고양이가 보이는 대표적인 행동으로는 평소와는 달리 아주 큰 소리로 야옹야옹 목 놓아 우는 것을 꼽을 수 있습니다. 그림처럼 고양이가 목을 세운 채 눈을 또렷하게 부릅뜨고, 떼 쓰고 조르는 듯이 야옹야옹 운다면, 고양이 좌절감을 느끼는 상황은 아닌지 의심해 보아야 합니다.

집사에게 다가가 머리, 몸을 비비거나 꼬리를 감아요

집사가 다가가면 집사에게 머리나 몸을 비비거나 꼬리를 감으면서 문제의 해결을 요청할 수 있습니다. 문이 닫힌 방에 들어갈 수 없다거나, 먹고 싶은 데 음식을 주지 않거나, 놀고 싶은데 집사가 쿨쿨 잠을 잘 때 흔히 보이는 행동이지요. 이런 모습에 집사는 고양이가 단순히 애교를 부린다고 착각할 수도 있습니다.

물론 고양이의 모든 욕구를 들어줄 필요는 없습니다. 하지만 고양이가 평소와 달리 과도한 애정 표현을 하면서 소리 높여 운다면 단순히 귀엽다고 웃어 넘길 것이 아니라, '고양이 스스로 얻을 수 없는 것이 있구나.' '지금 고양이가 원하는 것이 있나 봐!'라고 눈치챌 수 있어야 합니다.

꼭 기억해요!
고양이 놀이 대원칙

1. 고양이는 새로운 것을 좋아해요.

2. 놀이가 끝난 후, 장난감은 꼭 안 보이는 곳에 안전하게 보관해요.

3. 고양이와 놀 때는 사냥을 최대한 비슷하게 흉내내주세요.

4. 놀이가 끝난 후에는 음식 포상으로 만족감을 선사해요.

5. 짧지만 강하게 놀아주세요.

6. 고양이에게 정해진 놀이 일과를 만들어주세요.

7. 반드시 '물고 뜯으며 놀 수 있는 놀이 기회'를 제공해주어야 해요.

PART 3
고양이도 집사도 행복한 하루 3가지 놀이 루틴

앞서 고양이는 '루틴'을 좋아하는 동물이라고 설명했었지요. 건강한 묘생을 위해, 집사는 반드시 '하루 3가지 놀이 루틴'을 지켜주어야 합니다. 첫 번째 루틴은 집사가 집을 비웠을 때 고양이가 혼자서도 심심하지 않게 잘 놀 수 있도록 집 안을 놀이터로 만들어주는 것입니다. 두 번째 루틴은 집사가 집에 돌아와서 고양이와 함께 하는 놀이, 세 번째 루틴은 집사가 휴식할 때 고양이 혼자서 즐기는 장난감 놀이입니다. 이 세 가지 루틴을 충족시켜주기에는 집사가 너무 바쁘다고요? 이번 PART 3에서는 집사도 고양이도 스트레스 받지 않고 행복한 놀이 루틴 만드는 방법에 대해서 공부해봅시다.

우리 집을 놀이터로 만들기

집사와 함께 하는 놀이

고양이만의 장난감 놀이

놀이 루틴 ❶

혼자 있는 고양이를 위해
우리 집을 놀이터로 만들어요

첫 번째 놀이 루틴은 바로 집사 출근(외출) 후에 고양이가 집 안에서 혼자서도 잘 놀 수 있도록 우리 집을 놀이터로 만들어주는 것입니다. 인테리어를 크게 바꾸지 않더라도 집사의 소소한 노력을 통해 우리 집을 고양이 친화적인 공간으로 만들어 줄 수 있습니다. 고양이가 집 안에서 집사가 돌아오기를 기다리며 외롭지 않도록 놀이 환경을 만들어주는 것이 첫 번째 놀이 루틴의 핵심입니다.

고양이가 혼자서도 잘 놀 수 있는 환경 만들기

최근에 인터넷에서 '고양이와 함께 사는 예쁜 집'이라는 콘텐츠를 많이 볼 수 있습니다. 그런데 이렇게 예쁘게 꾸민 집이 고양이 입장에서 정말 좋은 집일까요? 집사는 집 안에서 음악도 듣고 TV도 보고 스마트폰으로 놀기도 하지만, 혼자 있는 고양이는 이런 유희를 즐길 수 없습니다. 그렇다면 고양이는 집사가 없는 동안 집 안에서 하루 종일 무엇을 하면서 지낼까요?

\ 우리 집을 고양이 놀이터로 만들어요! /

이 책을 읽고 있는 모범 집사라면 고양이를 행복하게 해주기 위해서 외출을 하더라도 서둘러 돌아와 고양이와 매일 30분씩 놀아줄 것입니다. 그런데 하루 30분씩 꼬박꼬박 놀아주었다고 해서 고양이에게 필요한 하루 활동량이 모두 충족될까요? 아마 30분이라는 시간은 집 안에서 살고 있는 고양이의 갑갑함을 채워주기에 턱없이 부족한 시간일 겁니다. 따라서 나머지 시간에도 고양이가 탐색하고 활동할 수 있도록 배려해주어야 하는데, 그렇지 않으면 고양이는 하루 종일 심심한 시간을 보내며 집사가 돌아오기만을 기다리게 되겠지요. 또 집사가 집에 돌아오면 졸졸 따라다니고, 조금만 자기 눈에서 벗어나기만 해도 야옹거리며 집사를 찾는 분리불안 증상을 보일 수도 있습니다.

그렇다면 집사가 집에 없을 때에도 고양이가 집 안에서 즐겁게, 또 활력적으로 지낼 수 있도록 하기 위해서는 어떻게 해주는 것이 좋을까요? 바로 우리 집 자체를 고양이 친화적인 공간, 즉 고양이를 위한 훌륭한 놀이터로 만들어주는 것입니다!

하지만 집을 완전히 뜯어고치거나 쥐를 풀어놓으라는 것이 아니에요. 그렇다면 어떤 방법으로 우리 집을 고양이를 위한 놀이터로 만들어줄 수 있는지 알아보도록 하겠습니다.

38쪽 참고
🐾 고양이 분리불안증이란?

\ 퍼즐 장난감의 효과적인 활용법 /

앞에서 알아보았던 퍼즐 장난감을 기억하나요? 장난감에 사료를 넣은 뒤 고양이가 이리저리 굴리며 가지고 놀다가 뚫린 구멍과 사료가 딱 맞으면 사료가 나와 꺼내 먹을 수 있었던 장난감이 바로 퍼즐 장난감이었습니다. 퍼즐 장난감을 고양이에게 그냥 주는 것도 좋지만, 가장 좋은 방법은 다양한 퍼즐 장난감을 집 안 곳곳에 숨겨놓는 것입니다. 집사가 집을 나서기 전에 숨숨집 안에 1개, 이불 안에 1개, 책장 서랍 뒤에 1개…. 이런 식으로 집 안 구석구석 퍼즐 장난감을 여러 개 숨겨두면 우리 집을 고양이를 위한 사냥터로 바꾸어줄 수 있습니다.

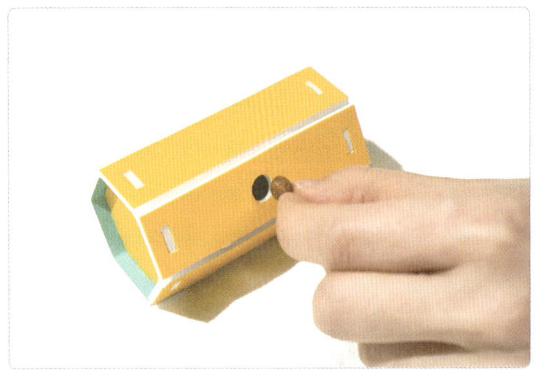

조립식 퍼즐 장난감.
우리 집을 고양이를 위한 사냥터로 바꿀 수 있어요.

사진 출처 : 스쿱(www.the-scoop.co.kr)

고양이의 5대 즐거움 중 하나가 바로 '탐색의 즐거움'입니다. 야생의 고양이는 깨어 있는 시간의 절반 정도를 사냥감을 탐색하는 데에 사용하고, 사냥을 시작하는 가장 첫 번째 단계로 탐색을 하기도 합니다. 먹잇감 탐색이 이렇게 고양이에게 중요한 것이지요. 집사가 아침에 조금만 부지런을 떨어 퍼즐 장난감을 집 안 이곳저곳에 숨겨둔다면, 집 안에서도 마치 야생과 같이 고양이가 탐색할 수 있는 기회를 충분히 가질 수 있습니다. 이렇게 고양이가 노력을 해서 음식을 먹도록 하는 것은 행동학적으로 좋을 뿐 아니라 건강한 식생활에도 도움이 됩니다.

고양이가 퍼즐 장난감에 익숙하지 않다면?

단, 고양이가 퍼즐 장난감에 익숙해지지도 않았는데 다짜고짜 퍼즐 장난감 속에 사료를 넣고 숨겨두어서는 안 됩니다. 무작정 퍼즐 장난감 안에 음식을 숨겨두면, 아무리 똑똑한 고양이라 할지라도 집사의 의중을 모르고 쫄쫄 굶으며 집사를 기다릴지도 모릅니다.

고양이가 퍼즐 장난감을 사용할 줄 모른다면 오른쪽 표에 정리한 '페트병 퍼즐 장난감 초보자 코스'부터 차근차근 알려주세요.

고양이가 퍼즐 장난감 사용에 익숙해졌다면 고양이가 보고 있을 때에 담요나 숨숨집 안으로 퍼즐 장난감을 숨겨서, 집사가 집에 있는 동안 퍼즐 장난감을 꺼내서 먹어볼 수 있도록 연습을 먼저 해봅니다. 이런 식으로 고양이가 퍼즐 장난감 찾기에 익숙해지면 점점 먹는 양의 많은 부분을 퍼즐 장난감을 통해 급여하도록 전환하는 것이 안전합니다.

퍼즐 장난감과 친해지는 방법

- 먼저 속이 비치는 투명한 페트병에 큰 구멍을 뚫고 고양이가 좋아하는 '최애 간식'을 넣어줍니다.
- 고양이가 호기심에 건드려보다가 구멍으로 나온 간식을 꺼내 먹으면 성공!
- 고양이가 원리를 깨우쳤다면 조금씩 구멍 크기를 줄여나가거나 형태를 다양하게 바꾸면서 난이도를 높여줍니다.

`90쪽 참고`
🐾 하루 급여량을 퍼즐 장난감으로 제공하는 법

`176쪽 참고`
🐾 퍼즐 장난감, 구입하지 않고 집에서 휴지심으로도 간단하게 만들 수 있어요.

하루 급여량을
퍼즐 장난감에 나누어 먹여요

그릇 없이 음식 주기

최근 많은 행동학자들이 반려동물의 건강한 식생활을 위해 '그릇 없이 음식 주기(No bowl feeding)'를 제안하고 있습니다. 말 그대로 시간만 되면 그냥 밥을 주는 것이 아니라, 퍼즐 장난감이나 노즈워크 피딩 등을 통해 반려동물이 노력을 해서 음식을 먹도록 공급해주라는 것입니다. 이는 반려동물이 아무런 노력을 하지 않아도 시간만 되면 따박따박 음식을 얻을 수 있는 것이 되려 반려동물을 의욕 없게 만들고, 삶의 질을 저하시킨다는 우려 때문입니다. 음식을 먹기 위해 노력하고 활동하는 것은 고양이의 삶을 생기 있고 활력적으로 만들어줄 수 있습니다. 따라서 이렇게 숨겨둔 퍼즐 장난감으로 하루 급여량의 일부를 급여하는 것은 음식 주기 측면에 있어서도 고양이에게 굉장히 유익합니다.

퍼즐 장난감을 이용한 방법

고양이가 퍼즐 장난감을 능숙하게 이용할 수 있다면 이처럼 하루 급여량 중 일부를 퍼즐 장난감 안에 담아서 줄 수 있습니다. 하루 급여량을 계량한 뒤 그 중 1~2번 정도의 분량을 여러 개의 퍼즐 장난감에 나누어 넣어 이곳 저곳에 숨겨 놓는 방식으로 식사를 주는 것이지요.

고양이 하루 급여량 측정하기

고양이가 하루에 먹는 양을 계산하기 위해 다음과 같은 공식을 이용해볼 수 있습니다.

고양이 하루 급여량 계산법

- 젊고 활력적인 성묘에게 하루 필요한 에너지(kcal)=체중(kg)×60
- 나이든 고양이에게 하루 필요한 에너지(kcal)=체중(kg)×45

※ 단, 이런 공식은 가이드일 뿐 실제 고양이에게 필요한 에너지와는 차이가 있을 수 있기 때문에 급여한 뒤 최소 1주일에 1번 체중을 체크하면서 급여량이 적정한지 확인해보는 것이 필수입니다.

이런 공식을 통해서 구한 에너지(kcal)를 사료의 g당 에너지(kcal)로 나누면 하루 급여해야 하는 사료의 양을 구할 수 있습니다. 이 중 1/5 혹은 2/5 정도를 퍼즐 장난감 등으로 급여하는 것입니다. 이 외의 음식은 아침에 출근하기 전, 퇴근 후 집사가 놀아준 이후, 장난감 놀이 이후 등으로 분배해서 급여합니다.

사료 대신 간식을 넣는 경우라면 앞서 배웠던 '간식 주는 요령'을 참조해서 급여량을 정합니다. 단, 매일 퍼즐 장난감을 이용해서 급여를 하는 경우라면 간식보다는 사료를 이용해야 건강한 식생활을 유지할 수 있습니다.

73쪽 참고
🐟 간식 주는 요령

> **집사는 고양이가 얼마나 먹는지 꼭 알아야 합니다!**
> - 고양이는 아픈 것을 숨기는 동물이기 때문에 먹는 양을 매일 체크하는 것은 정말 중요합니다.
> - 자율 급식을 하는 경우라도 그저 수북이 사료를 담아주어서는 안 되고, 매일 일정한 양을 주어야 합니다.
> - 다음 날 일정한 시간이 되면 남은 사료를 수거해서 계량한 뒤 버립니다. 이 과정을 통해서도 고양이가 먹는 양을 체크할 수 있습니다.
> - 그 다음에는 식기를 잘 씻어 말린 뒤 다시 정해진 양의 사료를 주세요.
> - 한 번 입을 댄 음식을 방치하면 세균이 엄청나게 번식하기 때문에 위생을 위해서도 집사의 세심한 관리가 필요합니다.

공간별 놀이터 만들어주기

고양이를 위한 인테리어를 계획하고 있는 집사들을 위해 '공간별 놀이터 만들기' 방법을 소개하겠습니다. 집 안 가구 배치, 고양이 용품을 놓는 위치만 조금 바꾸어주어도 고양이는 집 안에서 더욱 활력적으로 생활할 수 있습니다. "우리 집은 좁아서 고양이가 싫어할 거예요" 하고 고민하는 집사들도 많은데, 원룸에서도 충분히 고양이 놀이터를 만들 수 있으니 걱정마세요. 집 안 구석구석 빈 공간, 수직 공간만 잘 활용하면 고양이 본능을 충족시킬 수 있습니다.

\ 집 안 구석, 빈 공간을 활용해요 /

자, 여기 사람을 경계하는 고양이가 있습니다. 그렇다면 이 고양이를 위한 공간은 어떻게 꾸며주는 것이 좋을까요? 이런 경우 방 안이 너무 휑한 것보다는 테이블이나 의자 등이 많은 것이 좋습니다. 그러면 고양이는 움직일 때에도 이 사이에 살짝살짝 숨으면서 이동할 수 있고, 용기 내서 사람을 좀 더 가까이에서 관찰하러 올 수도 있습니다.

사실 이런 경향은 굳이 낯설고 소심한 고양이가 아니더라도 마찬가지입니다. 고양이는 여러 사물을 이용해 몸을 숨겼다가 사냥감을 쫓기도 하고, 작은 공간 안에 숨어서 휴식을 취하는 것을 즐깁니다. 따라서 집 안을 숨고, 탐색할 수 있도록 다면적으로 오밀조밀하게 꾸며주는 것을 고양이는 좋아합니다. 돈을 많이 들여 집을 고치지 않아도 침대나 의자 밑, 소파 옆, 옷장, 선반이나 책장 사이의 빈 공간으로도 충분합니다. 이런 공간들을 고양이가 이용할 수 있도록 조금만 배려해주면 됩니다.

빈 벽면에는 고양이를 위한 선반을 달아줍니다.

책장의 한 켠을 비워두고 고양이가 돌아다니거나 쉴 수 있는 공간으로 꾸며줄 수 있습니다.

옷장이나 잡동사니가 있는 공간에는 박스를 잘라 고양이를 위한 콘도를 만들어서 넣어둘 수 있습니다. 고양이가 평소 좋아하는 담요를 깔아주면 대체로 거부감 없이 휴식처로 이용하게 됩니다.

소파 옆의 빈 공간에는 이동장을 두어 고양이 은신처로 사용할 수 있습니다. 입구를 열고 고양이가 평소 사용하던 담요를 덮어줍니다.

고양이 이동장의 아래 부분만 따로 떼어서 안락한 휴식처로 만들어줄 수 있습니다.

> **고양이가 이동장을 경계하는 경우**
> 이동장의 위와 아래를 분리한 뒤 아랫단만 이용할 수도 있습니다.

\ 높은 휴식 공간 만들어주기 /

특히 이런 공간을 만들어줄 때 수직 공간을 잘 활용하는 것이 무엇보다 중요합니다. 고양이를 위한 환경을 만들어줄 때 첫 번째로 고려해야 하는 것이 고양이를 위한 필수 자원입니다. 필수 자원이란 고양이 밥 그릇, 물 그릇, 화장실처럼 고양이에게 꼭 필요한 것들을 말합니다. 이때 고양이 행동학 전문가들이 필수 자원으로 꼭 꼽는 것에는 '높은 휴식 공간(high resting place)'이 포함되어 있습니다.

21쪽 참고
🐾 필수 자원 배치법을 꼭 기억하고 실천해요.

야생의 고양이를 떠올려보면 나뭇가지나 높은 담장 위에서 휴식하는 모습이 쉽게 그려질 거예요. 땅바닥에 웅크리고 있는 것보다 이런 모습이 훨씬 편안해 보이지요. 이처럼 고양이에게 높은 공간은 본능적으로 꼭 필요한 공간입니다.
반면 집 안의 높은 곳은 사람에게는 활용도가 떨어지는 공간이지요. 한국은 아무래도 가옥의

 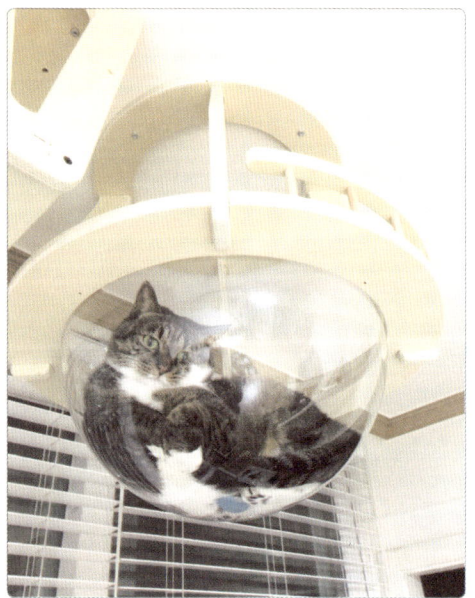

면적이 좁기 때문에 고양이에게 필요한 공간을 만들어주거나 자원을 배분할 때 불리한 점이 있습니다. 이럴 때 수직 공간을 영리하게 잘 활용할 수 있습니다. 앞서 소개한 것처럼 빈 벽면 윗부분은 선반을 달아 멋스러운 캣워크를 만들어줄 수도 있고, 책장의 맨 윗 칸 먼지만 쌓이는 공간에는 미끄러지지 않는 패드나 담요를 깔아서 고양이를 위한 휴식처를 만들어줄 수 있습니다.

고양이를 위한 안전한 실내 정원 만들기

우리 집에 고양이가 놀 수 있는 정원이 있다면 얼마나 좋을까요? 넓은 정원에서 고양이는 구석구석 탐색 활동을 하며 혼자만의 놀이를 즐길 것입니다. 하지만 꼭 넓은 전원 주택에 살지 않더라도, 원룸이나 아파트에서도 충분히 고양이를 위한 작은 실내 정원을 만들어줄 수 있습니다. 실내 정원을 우리 집 어디에, 어떻게 꾸미면 좋을지 알아보도록 하겠습니다.

\ 고양이 실내 정원, '캐티오'란? /

'파티오(patio)'란 완전히 실외 공간이 아닌, 건물 외부와 내부를 연결하여 의자나 테이블 등을 둔 정원을 말합니다. 집 안에서 심심하게 지내는 고양이를 위해 파티오와 비슷한 실내 정원 '캐티오(catio)'를 만들어줄 수 있습니다.

집 외부와 내부를 연결하여 만든 외국의 캐티오

종종 마당이 있는 집에서는 외부에 고양이를 위한 공간을 만든 뒤, 집 현관에 캣 플랩(cat flap, 고양이가 드나드는 작은 통로)을 뚫어주어 고양이가 편하게 집 안과 정원을 이동하기도 합니다.

캣 플랩을 통해 캐티오와 집 안을
자유롭게 드나드는 고양이

\ 베란다나 큰 창문 주변을 캐티오로 만들어요 /

하지만 아쉽게도 한국의 도시에서는 마당이 딸린 집에 사는 집사들이 많지 않을 겁니다. 하지만 꼭 마당이 없더라도, 집 평수가 넓지 않더라도 집 안에 간단하게 고양이 미니 정원을 만들어줄 수 있어요. 베란다나 큰 창문 주변을 꾸며주는 것이 가장 좋습니다.

베란다나 창문 주변에 캐티오 만드는 방법

- 베란다, 창문 옆에 캣타워만 두어도 근사한 캐티오가 됩니다.
- 고양이가 발톱을 갈면서 타고 다닐 수 있도록 스크래처, 혹은 나무 토막을 두어도 좋습니다.
- 캣닢, 캣그라스 등 다양한 식물을 기르면 즐거움이 배가 됩니다.
- 식물들 사이에 분수, 정수기를 설치하여 고양이가 물을 마실 수 있는 공간을 만들어줍니다.
- 퍼즐 장난감을 숨겨주기에도 실내 정원은 최적의 장소입니다.

캣타워를 베란다, 창문 옆으로 옮깁니다.

캣닢, 캣그라스 화분을 놓습니다. 가끔 고양이가 먹기도 해요.

97쪽 참고

🔖 캐티오를 식물로 꾸미기 전, 고양이에게 해로운 식물에 대해 미리 알아둡시다.

캐티오를 통해 집사와 더 친해질 수 있어요
특히 고양이 친화 환경을 꾸미는 것을 중요하게 여기는 고양이 행동학자들은 캐티오에 작은 테이블이나 의자를 두고, 고양이와 사람이 긍정적인 상호관계를 맺는 것을 추천합니다.

고양이에게 위험한 식물은 무엇일까요?

고양이 옆에 두면 안 되는 식물

고무나무류

겨우살이

국화, 금잔디 등 국화과 식물

나팔꽃

담쟁이 덩굴(boston ivy)

덩굴 옻나무(poison ivy)

| 수국 | 붓꽃 | 아주까리(피마자) |

| 진달래나 철쭉 | 디펜바키아 | 백합, 나리, 수선화 등 백합과 식물 |

디펜바키아, 백합은 강력한 독성이 있어요
디펜바키아는 최근에 관상용으로 많이 쓰이지만, 사실 고양이에게는 대표적인 독성 식물입니다. 또한 백합과의 식물은 고양이에게 심각한 신장 부전을 일으킬 수 있으니 집 안에 두어서는 안 됩니다.

식물 구입 시, 전문가의 의견을 참고해요

이 외에도 여러 식물이 고양이에게 독성을 유발할 수 있기 때문에 구입 시에는 반드시 판매자에게 문의해야 합니다. 또는 국제 고양이 학회 사이트에서 확인해보는 것도 좋습니다.

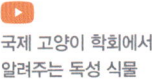
국제 고양이 학회에서 알려주는 독성 식물

독성 식물을 먹었을 때 주요 증상

고양이가 독성 식물을 씹거나 수액에 노출되면, 피부 자극, 구토, 설사 같은 위장관 질환이 나타나거나 신부전과 같은 중증 질환을 보이기도 합니다. 또 중독 증상을 유발하지 않더라도 식물을 먹었을 때 풀의 날카로운 선단이 위장관을 자극하여 구토하는 경우는 흔합니다. 따라서 캣그라스를 줄 때도 우리 집 고양이가 위장관 질환이 있거나, 구토를 너무 자주 하는 경우에는 주의해서 제공해야 합니다.

독성 식물을 먹었을 때 대처법

고양이가 독성 식물을 뜯어먹었을 때에는 증상이 없는 경우라도 병원에 내원해서 구토를 해내거나 중독에 대비한 처치를 받는 것이 좋습니다. 먹고 나서 바로 증상이 유발되기도 하지만, 중독 증상이 유발되는 데까지 며칠씩 시간이 걸리는 경우도 많기 때문입니다. 이런 경우 증상이 유발되고 나서 병원에 가면, 이미 독성 물질이 모두 흡수된 뒤이기 때문에 치료가 어려울 수 있습니다. 또 이렇게 병원에 내원할 때에는 어떤 식물을 섭취했는지 정확히 알아오는 것이 좋습니다. 식물에 따라 다른 중독 증상을 유발하고 치료법도 다르기 때문입니다.

반대로 고양이가 식물을 먹었다는 확신은 없지만 급성으로 구토를 반복하거나 침을 흘리고 다닌다면 중독성 물질의 섭식을 의심해 볼 수도 있습니다. 만약 이런 증상이 있다면 병원 내원 시 집 안에 기르고 있는 식물에 대해서도 수의사에게 알려주시는 것이 치료에 도움이 될 수 있습니다.

고양이가 갑자기 화초에 관심을 보일 때 주의해야 해요
집사가 화분에 영양제를 주거나 다듬는 날, 평소 화초에 크게 관심이 없던 고양이어도 갑자기 관심을 보이며 씹거나 삼킬 수도 있으니 각별히 주의가 필요합니다.

창문은 고양이를 위한 스마트폰

만약 우리가 집 안에서 TV, 스마트폰도 없이 하루를 보내야 한다고 생각해봅시다. 상상만 해도 너무 답답하지요? 고양이에게도 TV, 스마트폰과 같은 존재가 있습니다. 바로 창밖 풍경입니다. 종종 고양이가 창밖을 바라보며 사색에 잠겨 있는 모습을 보이고는 하지요. 고양이는 흥미진진하게 바깥 세상을 구경하는 중일 겁니다. 마치 집사가 TV, 스마트폰을 통해 드라마나 SNS를 즐기는 것처럼요.

\ 캣타워는 창문 옆이 좋아요 /

창밖의 풍경은 고양이에게 TV이자 스마트폰입니다. 저 멀리서 새가 날아가거나 낙엽이 떨어지는 것, 사람이 오가는 모습을 관찰하는 것은 고양이에게 큰 즐거움이지요. 따라서 고양이가 최대한 창가를 잘 이용할 수 있도록 해주는 것이 좋습니다. 이제는 많은 집사들이 알고 있는 것처럼 캣타워를 설치해줄 때 최적의 위치도 역시 창가가 좋습니다.

\ 창가 옆에 선반을 달아요 /

예쁜 인테리어를 자랑하는 반려묘 가정 중에는 창문 옆을 각종 소품들로 빼곡히 채워서 고양이가 올라갈 공간이 없어져버린 아쉬운 경우도 더러 있습니다. 창가 자리는 고양이를 위해 양보해주세요. 창문 옆에 캣타워를 둘 공간이 부족하거나, 창틀이 좁은 경우라면 창가에 선반을 달아주는 것도 고양이를 위한 좋은 방법입니다.

\ 창문으로 스트레스를 받는 예외 상황 /

고양이는 창문을 매우 좋아하지만, 예외로 스트레스를 받는 상황도 있습니다. 바로 옆집 고양이나 길고양이가 창문을 통해 집 안을 들여다보는 경우입니다. 집사는 창가에 고양이가 오면 귀엽기도 하고, 심지어는 우리 집 고양이와 친구가 될 수도 있지 않을까 내심 기대할 수 있지만, 고양이의 입장은 전혀 다릅니다. 오히려 도둑이나 스토커가 집을 엿보는 것처럼 이 상
황을 아주 불안하게 느낄 가능성이 높습니다. 사람도 낯선 사람이 집 안을 들여다보면 마음이 편하지 않지요? 보통 낮은 층의 집에서 이런 일이 발생하는데, 이렇게 고양이가 바깥 환경에 민감하게 반응하는 경우에는 오히려 커튼이나 블라인드를 이용해서 고양이가 안전하다고 느낄 수 있도록 만들어주어야 합니다.

특히 이러한 점은 고양이를 위한 필수 자원을 배치해줄 때 유념해야 합니다. 고양이 필수 자원 중에 가장 중요한 밥 그릇, 물 그릇, 화장실은 모두 고양이가 가장 안전하다고 느끼는 공간에 배치해주어야 합니다. 야생에서 음식을 먹거나 배설하는 것은 적에게 공격당할 여지가 아주 큰 위험한 행위이기 때문에 안전한 장소에서만 편히 음식을 먹거나 배설할 수 있습니다. 따라서 이웃 고양이가 출몰하는 커다란 창 옆에 이들 자원을 배치하는 것은 추천하지 않습니다.

21쪽 참고

🐾 고양이 마음에 쏙 드는 필수 자원 배치법, 집사라면 항상 기억해야 해요!

집사가 외출한 사이, 영상 활용법

고양이에게 창문이 TV이자 스마트폰이라고 했습니다. 그렇다면 진짜 고양이를 위해 TV를 틀어주는 것은 어떨까요? 사실 저도 학생 시절 혼자 있는 고양이가 심심할까 봐 여러 가지 영상을 틀어주고 집을 나서곤 했습니다. 고양이를 위해서 어떤 영상들을 틀어주면 좋을까요?

\ 고양이는 어떤 영상을 좋아할까? /

사람 입장에서는 상당히 심심한 듯한 내용의 영상들이 고양이에게는 좋습니다. 예를 들어 새가 천천히 날아간다거나, 낙엽이 천천히 떨어진다거나, 물고기가 유유히 헤엄치는 영상 등이 좋습니다.

실제로 제가 키웠던 고양이 '냥이'는 바둑을 즐겨 보았어요. 바둑 TV는 보통 커다란 바둑 화면이 정면에 잡히고, 양쪽에서 손이 나와서 바둑돌을 놓고 들어갑니다. 그런데 이 타이밍이란 것이 상당히 미묘해서 언제 손이 나올지는 예측불가이니 고양이에게는 너무나 재미있는 프로그램이었던 모양입니다. 이렇게 바둑을 즐기게 된 냥이는 밤이면 불 꺼진 거실에서 아버지와 다정히 TV를 시청하곤 했었습니다.

이런 밋밋한 컨텐츠 말고 좀 더 재미있는 것을 보여주면 어떨까요? 고양이가 많이 나오거나, 동물들이 많이 등장하는 프로그램이 더 재미있지 않을까요?

하지만 이럴 때에는 주의가 필요합니다. 물론 이런 영상을 고양이가 더 집중해서 볼 수는 있지만, 오히려 고양이에게 스트레스를 유발할 수도 있기 때문입니다. 고양이는 영상이 현실이 아니라는 것을 충분히 이해하지 못합니다. 실제로 저희 집 냥이도 TV 속의 새를 보다가 화면 뒤로 찾으러 가기도 했으니까요. 때문에 영상에 등장하는 동물들이나 상황으로 인해 과도하게 긴장하거나 불안해할 수 있기 때문에 그런

Cat Play Planner

우리 냥이 프로필

이름	노리
나이	3살
목표	활기차고 슬림한 냥 라이프!

일일 놀이 플래너

우리 냥이 하루 놀이 계획표를 그려보세요.

- 집사와 함께 하는 낚싯대 놀이
- 고양이를 위한 장난감 꺼내주기 (퍼즐 장난감 수거)
- 집사와 함께 하는 낚싯대 놀이
- 집사 출근 전, 퍼즐 장난감 숨기기
- 퍼즐 장난감을 찾거나, 캣타워 위에서 휴식을 취해요.

월간 놀이 플래너

우리 냥이 한 달 놀이 계획표를 세우고 기록해주세요.

 김효진 선생님의 플래너 예시를 참고로 하여, 뒷면의 놀이 플래너를 직접 작성해보세요.

	놀이 아이템	월	화	수	목	금	토	일	놀이 성적	체중 기록	메모
1주	낚싯대 놀이	지렁이	낙엽	물고기	공	쥐돌이	새	깃털	그럭저럭	5.2 kg	퍼즐 장난감 사용법을 잘 알려줘야지.
		O	△	△	O	△	O	O			
	퍼즐 장난감	X	△	△	O	△	O	O			
	혼자서 하는 장난감 놀이	O	X	△	O	△	O	O			
2주	낚싯대 놀이	지렁이	낙엽	물고기	공	쥐돌이	새	깃털	지난 주보다 발전!	5.2 kg	화요일에는 옆집 공사 소음으로 스트레스!!
		O	△	△	O	△	O	O			
	퍼즐 장난감	O	X	O	O	O	O	O			
	혼자서 하는 장난감 놀이	O	X	X	△	O	O	O			
3주	낚싯대 놀이	지렁이	낙엽	물고기	공	쥐돌이	새	깃털	참 잘했어요!	5.15 kg	물고기 낚싯대를 다른 것으로 바꿔야겠다.
		O	O	△	O	O	O	O			
	퍼즐 장난감	O	O	O	O	O	O	△			
	혼자서 하는 장난감 놀이	O	O	O	△	O	△	O			
4주	낚싯대 놀이	지렁이	낙엽	잠자리	공	쥐돌이	새	깃털	참 잘했어요!	5.1 kg	슬림해지고 있다옹~
		O	O	O	O	O	O	O			
	퍼즐 장난감	O	O	O	O	O	O	O			
	혼자서 하는 장난감 놀이	O	O	O	O	O	O	O			
5주	낚싯대 놀이	지렁이	낙엽	잠자리	공	쥐돌이	새	깃털	참 잘했어요!	5.1 kg	간식을 주면 퍼즐 장난감을 잘 사용하지 않는다. ㅠㅠ
		O	O	O	O	O	O	O			
	퍼즐 장난감	O	O	O	O	O	△	△			
	혼자서 하는 장난감 놀이	O	O	O	O	O	O	O			

매일 다른 놀이를 해주고 싶다면? 검색창에 '스쿱 캣 플레이 키트'를 검색하세요!

Cat Play Planner

🐱 우리 냥이 프로필

- 이름
- 나이
- 목표

🕐 일일 놀이 플래너 우리 냥이 하루 놀이 계획표를 그려보세요

📅 월간 놀이 플래너 우리 냥이 한 달 놀이 계획표를 세우고 기록해주세요.

	놀이 아이템	월	화	수	목	금	토	일	놀이 성적	체중 기록	메모
1주										kg	
2주										kg	
3주										kg	
4주										kg	
5주										kg	

🐾 매일 다른 놀이를 해주고 싶다면? 검색창에 '스쿱 캣 플레이 키트'를 검색하세요!

copyright ⓒ i-Screammedia CO.,LTD. All Rights Reserved. scoop.

위험이 있는 영상은 삼가는 것이 좋습니다.

또한 우리가 이미 배웠던 좌절감에 대해서도 잊어서는 안 되겠습니다. TV 속의 물고기나 새는 잡을 수가 없습니다. 이런 형태의 자극만 제공된다면 고양이는 좌절감을 느낄 수밖에 없습니다. 따라서 영상을 틀어주되, 고양이가 잡고 물고 뜯을 수 있는 고전적 형태의 놀이를 꼭 함께 해주어야만 합니다.

> **80쪽, 82쪽 참고**
> 🐾 고양이에게 좌절감을 주면 안 된다는 것, 기억하지요?

\ 다묘 가정의 영상 활용법 /

고양이를 위한 영상을 아주 유용하게 사용할 수 있는 경우도 있습니다. 바로 다묘 가정에서 고양이들의 주의를 돌리기 위한 방법입니다. 여러 마리의 고양이가 서로 다른 놀이 수준을 가지고 있을 때, 고양이들을 분리해서 놀아주는 것이 필요합니다. 이때 한 마리를 분리해서 놀아주려 하면 다른 고양이들이 방 문 앞에 몰려와 기웃대는 경우가 허다합니다. 놀아주려는 고양이 역시 문밖의 고양이들이 신경 쓰여서 놀이에 집중하지 못하기 쉽습니다. 이럴 때에는 놀아주는 고양이 외의 고양이들에게 간식을 주거나 해서 주의를 돌려주는 것이 좋은데, 고양이를 위한 영상이 좋은 방법이 될 수 있습니다. 한 마리 고양이와 놀아주는 동안 다른 고양이들은 즐겁게 TV를 시청하는 것입니다.

\ 아이패드로 고양이와 놀 수 있다고? /

TV만 있는 것은 아니지요. 고양이를 위한 앱도 현재 아주 다양하게 출시되어 있습니다. 쥐 잡기, 물고기 잡기, 떨어지는 낙엽 잡기 등 다양한 콘텐츠가 있어요. 재미 삼아 고양이와 이런 앱으로 놀아줄 수도 있습니다.

이때는 안전을 위해서 바닥에 요가 매트나 담요처럼 미끄러지지 않는 두툼한 소재를 깔아두는 것을 추천합니다. 활기찬 고양이라면 아이패드를 저멀리 내동댕이칠 수도 있기 때문입니다. 앱을 이용해서 놀아주는 경우에도 실제 고양이가 화면 속의 사냥감을 잡을 수 없기 때문에 좌절감을 느낄 수 있습니다. 그러므로 반드시 고양이와 함께 '잡기' 형태가 포함된 놀이도 병행해야 합니다.

캣휠, 스크래처로
운동시키기

고양이에게 필요한 운동

고양이에게 필요한 운동을 크게 4개로 분류하면, 스트레칭-밸런스 운동-근력 운동-지구력 운동으로 나눌 수 있습니다.

캣휠은 훌륭한 유산소 운동 도구

최근 캣휠과 같이 고양이가 실내에서도 운동을 할 수 있는 기구들에 대한 관심도 높아지고 있습니다.

지구력 운동이나 유산소 운동은 좁은 실내에서 고양이에게 시키기가 어려워요. 이럴 때 캣휠은 좁은 공간에서도 고양이가 숨 닿는 데까지 뛸 수 있는 기회를 제공할 수 있다는 점에서 유익합니다.

캣휠을 처음 쓸 때에는 캣휠의 오르는 사면에 낚싯대의 장난감을 올려서 고양이를 유혹한 뒤, 계속 쫓도록 하면서 사용법을 알려줄 수 있습니다.

스크래처로도 운동할 수 있다고?

스트레칭을 하는 고양이의 모습을 쉽게 볼 수 있습니다. 스트레칭은 사람뿐 아니라 고양이에게도 운동 효과가 있어요. 고양이는 스크래처 위에서 스크래칭을 하며 고양이 본능을 해소하고 스트레칭 운동을 즐기기도 합니다. 스크래처는 고양이에게 꼭 필요한 필수 자원입니다.

25쪽 참고
🐾 스크래처의 기능과 배치법을 꼭 기억하세요.

198쪽 참고
🐾 집에서도 스크래처를 만들 수 있어요.

밸런스와 근력 운동

균형 감각을 키울 수 있는 밸런스 운동은 집사와 함께하는 낚싯대 놀이 중에서 몸을 틀어서 착지하는 등의 동작을 통해 할 수 있습니다. 근력 운동은 캣타워와 같이 높은 곳에 점프를 하면서 기를 수 있습니다.

하루 종일 냉장고 위에 있는 첫째

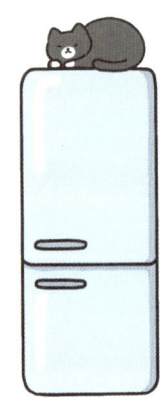

마음 편히 쉴 곳이 여기밖에 없다옹~

> 저는 8살, 7살, 3살 코숏 고양이 3마리를 모시고 있는 집사입니다. 막내가 입양된 후 1년 정도까지는 다들 사이 좋게 지냈던 것 같은데, 몇 년 전부터 첫째 고양이가 냉장고 위에서 하루 종일 잠만 자고 있어요. 처음에는 그저 나이가 들어서 좋아하는 곳에서 쉬나 보다 하고 생각했었는데, 시간이 지날수록 첫째가 다른 고양이들과 잘 어울리지 못하는 게 아닐까 싶어요. 가끔 보면 첫째가 화장실을 갈 때 둘째와 셋째가 양쪽으로 길을 막고 지나가지 못하도록 하더라고요. 그동안 특별히 싸우는 것을 보지는 못했는데, 괜찮은 걸까요?

이렇게 집 안의 고양이 중 일부가 어울리지 못하고 지내는 것을 다묘 가정 집사라면 흔히 보게 됩니다. 지금 첫째가 보이는 행동은 정상적인 걸까요?

고양이에게는 높은 휴식 공간이 필요합니다. 상담을 해보니 이 집에는 캣워크나 캣타워 등 고양이를 위한 높은 휴식 공간이 충분히 있었습니다. 하지만 사회적 연대가 끈끈한 둘째와 셋째가 이 자원들을 모두 차지하고, 첫째가 사용하지 못하도록 막고 있습니다. 심지어 둘째와 셋째는 화장실도 첫째가 사용하는 것을 못마땅해 합니다.

지금 사연처럼 화장실이나 밥 그릇 같은 필수 자원의 길목을 막고 접근하지 못하도록 막는 '블로킹(blocking)'은 다묘 가정에서 흔히 관찰되는 적대적 행위입니다. 고양이는 원래 독립적인 동물인만큼 자신의 자원을 다른 고양이와 나눠 쓰지 않습니다. 물론 사회화가 잘 이루어진 고양이들은 같은 사회적 그룹의 고양이와 필수 자원을 나눠 쓰는 흐뭇한 모습을 연출하기도 하지요. 하지만 한 집에 산다고 해서 무조건 같은 사회적 그룹이 되는 것은 아닙니다. 아마 첫째와 둘째가 데면데면한 사이로 있던 옛날, 막내 아깽이가 입양되면서 사회적인 둘째가 막내를 케어하게 되었고, 이 과정에서 둘째와 셋째 사이에 끈끈한 사회적 그룹이 형성된 것으로 보입니다. 반면 고양이 특유의 독립적인 성향이 강한 첫째는 이들 사이에 섞이지 못했을 겁니다.

문제는 세력이 강해진 둘째, 셋째 연합이 첫째가 자원을 쓰지 못하도록 하고 있는 것입니다. 이에 첫째는 높은 휴식 공간도 다 빼앗기고 어쩔 수 없이 냉장고 위, 대체로 고양이 한 마리밖에 올라가지 못하는 좁은 공간에서 휴식을 취하는 것입니다. 편하게 휴식을 취하는 것이면 좋겠지만, 사실 첫째는 놀고 싶기도 하고 집 안을 탐색하고 싶기도 한데 다른 두 마리가 자신을 적대시하기 때문에 어쩔 수 없이 냉장고 위에 갇혀 있는 형국인 셈입니다.

따라서 이런 경우에는 둘째, 셋째 그룹을 위한 기존의 자원과 별도로 첫째의 영역을 추가적으로 꾸며주는 것이 좋습니다. 두 마리가 덜 이용하는 방을 첫째의 영역으로 선택해서, 필수 자원을 새로 갖추어줍니다. 간단하게 선반 등을 이용해서 새롭게 높은 휴식 공간도 만들어주고, 벽장 안에 은신처도 만들어주고, 화장실도 이 방에 새로 만들어줍니다.

식사도 (다른 식기를 쓰더라도) 같은 장소에서 했다면 서로 분리된 장소로 바꾸어주는 것이 좋습니다. 사실 고양이는 쥐와 같은 작은 사냥감을 먹는 동물이기 때문에 원래 음식을 나누어 먹지 않습니다. 따라서 한 장소에서 음식을 먹는 행위는 서로 간의 긴장감을 높일 수 있는 원인이 될 수 있습니다. 다만 이 경우에도 갑작스런 변화는 고양이에게 오히려 스트레스를 줄 수 있기 때문에, 이전에 같은 장소에서 먹었던 경우라면 조금씩 식기의 위치를 벌려서 천천히 서로 다른 공간에서 식사를 하도록 하는 것이 좋습니다.

39쪽, 154쪽 참고

🐾 다묘 가정 솔루션을 참고해요.

고양이 혼자서 하는 놀이

집사와 함께 하는 놀이

고양이만의 장난감 놀이

놀이 루틴 ❷

집사와 함께
하루 30분~1시간 꼭 놀아요

두 번째 놀이 루틴은 집사가 집에 돌아온 후, 고양이와 함께 즐기는 놀이입니다. 집사가 집에 없는 동안 고양이는 혼자서 집 안 구석구석을 돌아다니며 탐색 놀이를 즐겼을 겁니다. 하지만 혼자 하는 놀이도 한계가 있어요. 모범 집사라면 반드시 하루 30분~1시간 정도는 고양이와 꼭 놀아주어야 합니다. '나는 퇴근 후 8시 뉴스를 보면서 고양이와 놀어줘야지!' 하는 식으로 집사만의 놀이 루틴을 세우고 고양이와 놀아주는 것이 중요합니다. 고양이는 집사와 노는 시간만을 손꼽아 기다리고 있을 거예요. '사랑하는 고양이와의 약속'이라고 생각하고 이 루틴을 반드시 지키기를 바랍니다.

요일별로 다른 낚싯대를 꺼내 써요

낚싯대는 고양이를 키우는 집에서는 하나씩은 꼭 가지고 있는 대중적인 고양이 장난감입니다. 하지만 이 장난감을 그저 흔드는 것에만 그친다면 고양이는 식상함을 느낄 거예요. 고양이 마음을 사로잡는 낚싯대 놀이법에 대해 새롭게 배워봅시다.

\ 월화수목금토일 낚싯대 활용법 /

특히 낚싯대는 똑같은 것을 반복해서 쓰지 않고, 새로 교체해주어야만 고양이의 놀이 흥미를 잘 북돋워줄 수 있습니다. 앞에서 배운 놀이 원칙 중 가장 첫 번째 내용을 떠올려봅시다.

고양이는 놀 때 새로운 것을 좋아한다!

58쪽 참고

🐾 고양이 놀이 원칙 첫 번째, 다시 복습해요.

이것은 똑같은 장난감으로만 지속적으로 놀아주면, 고양이가 더 이상 장난감을 사냥감으로 인식하지 않는다는 특징입니다. 놀이가 고양이의 사냥 활동을 대체하기 때문이지요. 새로운 장난감을 무한대로 마련하기는 어렵기 때문에 일정한 순서를 두고 바꿔서 꺼내주세요. 원칙은 요일별로 장난감을 마련하는 것입니다. '월 – 화 – 수 – 목 – 금 – 토 – 일'에 각각 해당되는 장난감을 마련하고, 바꾸어서 놀아줍니다. 고양이 눈에 띄지 않는 곳에 장난감을 치웠다가 다른 놀이를 한 뒤 이전의 장난감을 꺼내어주면 놀이 욕구가 그대로 유지되는 것이 연구로도 입증되었습니다.

특히 이렇게 새로움을 유지하기 위해서는 사용하지 않을 때 절대로 낚싯대를 바깥에 방치해서는 안 됩니다. 사용 후에는 반드시 눈에 보이지 않는 서랍이나 장난감 보관함에 넣어두어야만 고양이는 그 장난감을 다시 꺼냈을 때 새로운 사냥감으로 인식할 수 있습니다. 물론 이렇게 보관하는 것은 고양이의 안전을 위해서도 좋은 방법입니다.

62쪽 참고
🐟 낚싯대를 보관하지 않으면 고양이 목에 실이 걸릴 수도 있어요.

\ 낚싯대 한 개로 여러 가지 효과 누리기 /

이렇게 매일 다른 장난감을 마련해주자니 집사 입장에서는 부담이 될 수 있습니다. 하지만 고양이는 늘 비용면에서는 자애롭습니다. 낚싯대 몸통은 하나로 사용하고, 끝에 거는 장난감만 바꾸어주면 비용도 적게 들고 공간도 작게 차지할 수 있습니다. 특히 이렇게 달아주는 장난감은 집사가 직접 만들거나, 빵 끈 같은 것을 매달아서 대체할 수도 있습니다. 단, 고양이가 장난감을 먹지 않도록 안전하게 만들고, 관리를 잘 해야 합니다. 집사가 낚싯대를 만들어주는 방법은 '집사표 장난감 만들기'를 참조하세요.

182쪽 참고
🐟 펠트지를 이용하여 간단하게 집사표 요일별 낚싯대를 만들 수 있어요.

\ 공간을 다면적으로 이용하는 것이 좋아요 /

낚싯대로 놀아줄 때에 사람인 집사는 어디에서 놀아줄지에 대해서는 크게 고민하지 않는 경우가 많습니다. 하지만 고양이 입장에서 생각해보면 놀이는 쥐를 사냥하는 것과 마찬가지이기 때문에 놀이 공간 역시 놀이 흥미에 중요하게 작용한다는 것을 알 수 있습니다.

고양이는 치타처럼 초원을 내달려 먹잇감을 포획하는 동물이 아닙니다. 그보다는 어딘가에 숨어 있다가 쥐구멍에서 나오는 쥐를 덮치는 형태의 사냥을 주로 합니다. 때문에 놀이를 할 때에도 가구가 없는 뻥 뚫린 공간에서 놀아주는 것보다 주변에 다양한 가구가 있어 숨거나 딛고 도약할 수 있는 구조를 선호합니다.

놀이에 소극적인 고양이일수록 이런 구조는 굉장히 중요합니다. 사냥감을 잡기 위해 용기 내어 첫 발을 내딛기 전에 박스 같은 곳에 숨어서 상대를 오랫동안 탐색하면서 마음의 준비를 할 수 있어야 합니다. 따라서 놀이를 시작하기 전에 상자 또는 숨숨집 같은 것을 주변에 배치하는 것 역시 고양이에게 놀이를 독려하는 좋은 방법이 될 수 있습니다.

또한 다묘 가정에서 함께 놀이를 할 때에도 이런 구조가 있어야 내성적인 고양이도 박스에 숨어서 놀이 과정을 지켜보며 참여할 수 있고, 활력적인 고양이는 이런 공간을 이용해 더욱 활달하게 놀 수 있습니다.

\ 낚싯대 놀이는 최대한 사냥과 유사하게! /

수의대 시절 친구 자취방에 놀러가서 친구의 고양이와 놀아준 적이 있었습니다. 그때 그 친구가 "우리 집 고양이가 이렇게 격하게 논 것을 본 적이 없다!"며 감탄을 했었습니다. 제가 고양이 놀이에 천부적인 재능이라도 있었던 걸까요? (그때만 해도 고양이 행동학에 대해서는 그다지 아는 것이 없던 시절이었습니다.)

고양이와 놀 때는 의무감에 낚싯대를 휘휘 휘두르는 것보다 동심으로 돌아가 고양이와 진심으로 놀아주는 것이 좋습니다. 고양이를 잘 유혹하기 위해서는 우리가 앞에서 배웠던 사냥의 6단계를 잘 구현하는 것이 무엇보다 효과적입니다.

65쪽 참고
🐭 사냥감 탐색하기 → 미행하기 → 추적하기 → 덮치기 → 잡기 → 다듬기
　 사냥의 6단계를 기억하며 놀아주세요.

특히 이 중에서도 놀이의 첫걸음인 탐색이 시작될 수 있도록 고양이를 잘 유인하는 것이 좋습니다. 낚싯대 끝을 이불 안에서 넣고 쥐처럼 조금씩 움직이거나, 모퉁이 끝자락에서 잠시 장난감을 보였다가 숨은 뒤 '탁탁탁' 소리를 내는 등 마치 사냥감이 살아 움직이는 것처럼 고양이를

유혹합니다.

고양이가 이런 유혹에 반응해서 엉덩이를 들거나, 꼬리를 휘두르며 쳐다보다가 놀이가 시작되면 이때는 집사 역시 광기 어린 움직임으로 고양이와 놀아주어야 합니다. 직장 생활의 피로에 찌든 어른이 아이를 대충 상대해주듯이 놀아서는 15분 이상 고양이의 흥미를 유지하기 어렵기 때문입니다. 놀이의 끝 무렵 유산소 운동을 한 듯 집사도 땀이 살짝 날 정도로 놀아주는 것을 추천합니다.

\ 손가락보다 낚싯대로 놀아주는 것이 좋아요 /

놀이 시간에 집사가 놀아주기에 가장 적당한 장난감은 바로 낚싯대 장난감입니다. 잘 알려진 대로 이런 장난감을 이용해야 사냥을 가장 유연하게 모사할 수 있으며 놀이 과정에서 고양이가 손을 깨물지 않아 안전하기 때문입니다.

어린 고양이와 손가락으로 놀아주는 경우가 흔한데, 이러다 보면 고양이가 자연스레 손가락을 깨물게 됩니다. 어린 고양이가 손가락을 장난으로 깨무는 것은 그다지 아프지 않아서 이런 것을 용인하는 경우가 흔한데, 절대 안 됩니다.

사람을 물 수도 있는 고양이는 자기가 진짜 싫은 상황이 되면 공격적으로 사람을 깨물기도 합니다. 이런 경우 집사가 아파서 고양이에게 손을 떼거나, 고양이가 싫어하는 행위를 중단하게 되면 고양이는 깨무는 것을 통해 문제를 해결할 수 있다는 것을 배우게 됩니다. 이렇게 되면 향후에 비슷한 상황이 되면 고양이는 다시 무는 것을 선택하게 되고, 점점 더 공격적인 고양이가 될 수도 있습니다.

사실 많은 집사들이 고양이가 물거나 할퀴는 것을 은근슬쩍 용인하는 편이지만, 개가 사람을 물어서는 안 되듯 고양이도 사람을 공격해서는 안 됩니다. 장난으로라도 사람을 무는 법을 배우게 되면 사람을 '깨물어도 되는 대상'으로 인지하게 되기 때문입니다. 사람과 반려동물이 함께 살기 위해서 이런 점을 반드시 교육해야 합니다. 그렇다면 고양이가 어릴 적에 악의 없이 손을 깨문다면 어떻게 물지 않도록 알려줄 수 있을까요? 다음의 사연을 통해 알아보도록 하겠습니다.

113쪽 참고

🐾 고양이가 자꾸 손을 깨물 때, 어떻게 해결할 수 있을까요?

고양이가 손을 자꾸 깨물어요!

✉ 5개월된 코숏 치즈 냥이 아빠입니다. 놀아줄 때 고양이가 종종 제 손가락을 깨물어요. 점점 정도가 심해져서 굉장히 아프고 최근에는 피가 난 적이 있을 정도입니다. 요즘은 자고 있을 때에도 다가와서 놀아달라며 목이나 발목을 물기도 하는데, 못하게 하면 더 날뛰니 어떻게 해야 할지 모르겠습니다. 어떻게 교육할 수 있을까요?

고양이가 놀 때, 혹은 아무 때나 깨물어서 고민인 집사들이 많습니다. 일단 고양이가 물었는데 쉽사리 놔주지 않는 경우라면 무작정 손을 빼내려고 하지 않습니다. 고양이가 아주 공격적인 상황이라면 손을 빼내려고 해서는 절대 놓지 않을 수도 있고, 손가락을 빼려다가 날카로운 이빨에 크게 다칠 수도 있기 때문입니다. 그보다는 손을 오히려 입 쪽으로 쿡 밀어 넣으면 고양이가 반사적으로 입을 벌리는데, 이 때에 손을 빼내는 것이 좋습니다.

물론 사연을 보내준 집사의 고양이는 이런 방법이 필요할 정도로 집사를 심하게 무는 것으로 보이지는 않습니다만, 그래도 벌써 피가 날 정도로 상처를 입었으니 빨리 고양이를 물지 않도록 교육하는 것이 필요합니다. 고양이가 손을 물 때에는 4단계로 대처하는 것이 좋습니다.

1단계 : "아얏, 안 돼!"라고 단호하게 의사 표시를 해요

일단 고양이가 싫어하는 행동을 했을 때에는 싫다는 표시를 명확하게 하는 것이 좋습니다. 이때 주의할 점은 부드러운 말투로 "이러면 안 되지~" 하고 달래듯 말하면 안 된다는 것입니다. 고양이는 한국어를 하지 못합니다. 단호한 어투로 간결하게 이야기해야 집사의 의도를 알아차릴 수 있습니다. 비슷하게 고양이에게 설명하듯 길게 이야기하는 것도 추천되지 않습니다. "냥아, 아무리 장난이라지만 언니를 이렇게 물면 피도 나고 언니가 아파서 화가 나지 않겠니? 안 그럴 거지?" 이런 식으로 길게 이야기해봤자 고양이를 혼란스럽게 할 뿐입니다.

동일한 상황에서는 "아얏" "안 돼!"와 같은 간결한 단어로 의사를 표시합니다. 이때 어투와 표정은 단호해야 합니다. 이런 일이 반복되면 고양이는 "안 돼!"라는 말을 이해하게 되지요. 그리고 이후에 꼭 깨무는 상황이 아니더라도 고양이에게 "안 돼!"라는 단어를 통해 해서는 안 되는 행동을 제지할 수 있습니다.

2단계 : 팔짱을 끼거나, 손을 등 뒤로 감춰요

흔히 하는 실수가 고양이가 깨물지 않도록 손으로 제지하는 것인데, 고양이는 아주 유연하기 때문에 이런 것을 쉽게 피하고, 심지어 더 재미있게 놀아주는 것이라고 착각하기 쉽습니다.

따라서 더 이상 손으로 놀 수 없도록 손을 치워버리는 것이 좋습니다. 가장 쉬운 방법은 팔짱을 껴서 겨드랑이 안쪽으로 손을 감추는 것입니다. 발을 자꾸 깨무는 경우라면 다른 곳으로 가버리거나 의자 위로 다리를 올려버리는 식으로 대응할 수 있습니다. 특히 이런 식으로 대처하는 경우, 고양이는 자신이 집사를 깨물면 재미있는 놀이가 '중단'된다는 점도 깨닫게 됩니다.

이런 것은 원래 어린 시절 고양이가 형제들과 노는 경우에도 똑같이 일어나는 일입니다. 어린 형제 고양이들이 서로 뒤엉켜 놀다가 너무 격해지면 한쪽이 기분이 상하게 되고, 그 고양이는 자리를 떠납니다. 남겨진 고양이는 이런 과정을 통해 놀이가 너무 격해지면 상대가 더 이상 놀아주지 않고 놀이는 중단된다는 것을 배우게 됩니다. 놀이를 통해 일종의 예의를 배우게 되는 셈이지요. 대부분 어릴 때 단독으로 입양된 고양이들은 이런 것을 제대로 배울 수 없는데, 이런 점을 집사가 교육을 통해 알려주는 것이 좋습니다.

3단계 : 15~20분, 냉각기를 가져요

2단계까지 실천하지만, 이 3단계 '냉각기'를 갖지 못해서 교육에 실패하는 경우가 많습니다. 고양이는 무리 동물이 아니기 때문에 상대의 의사를 읽고 그에 반응하는 것에 능숙한 동물이 아닙니다. 따라서 2단계까지 하고 잽싸게 다시 고양이와 놀아주면 고양이는 잠시 '어라?' 하고 생각은 하지만 집사의 의도를 제대로 이해하지 못할 수도 있습니다.

따라서 적어도 15~20분 정도는 냉각기를 가지는 것이 좋습니다. 이 시간 동안에는 철저히 고양이를 외면해야 합니다. 고양이가 놀아달라고 칭얼대면 다른 곳으로 가거나 등을 돌리고 외면합니다. 다른 일에 열중해도 되고요. 이런 시간을 통해 앞서와 마찬가지로 고양이는 자신이 물면 결국 놀이가 중단되는, 즉 자신에게도 좋지 않은 상황으로 이어진다는 것을 배우게 됩니다.

그런데 고양이를 외면하기에 20분이라는 시간은 생각보다 굉장히 깁니다. '대충 이 정도면 되겠지.' 하는 정도로는 충분하지 않을 수 있기 때문에 일단 2단계가 끝난 뒤에는 아예 시계 근처로 이동해서 시간을 확인하거나 알람을 맞추는 것도 좋은 방법입니다.

4단계 : 깨물고 놀 수 있는 대체품을 주세요

사실 고양이 입장에서는 억울할 수 있습니다. 원래 고양이는 깨물며 노는 동물인데, 조금 깨물었다고 놀이는 중단되고 집사는 나를 외면하는 상황인 것이지요. 억울한 고양이를 위해 대신 깨물고 놀 수 있는 장난감을 반드시 제공해주어야 합니다. 무언가를 깨물고 뜯고 발톱으로 그러잡는 것은 고양이에게 반드시 필요한 본능임을 이해해주세요.

이때 주의해야 할 점은 냉각기를 거치지 않은 채 바로 장난감을 주는 것입니다. 이런 경우 고양이는 집사를 깨물면 장난감으로 포상을 받는 것으로 오인할 수 있기 때문에 충분한 냉각기 이후에 장난감을 주거나, 아니면 완전히 다른 시기에 장난감을 제공하는 것이 좋습니다.

손가락을 깨물지 않게 한다는 점에서 기본적으로 집사가 놀아줄 때에는 낚싯대 장난감을 이용하는 것이 좋습니다. 낚싯대 장난감 외에 또 다른 막대형 장난감인 막대 장난감을 사용하는 것도 가능합니다. 흔히들 '오뎅 꼬치'라고들 부르는 것인데 이런 장난감을 이용해서 놀아주는 것도 좋습니다.

고양이 놀이 공격성

놀이 공격성이란?

고양이의 놀이는 사냥을 모사하는 경우가 많기 때문에 이 과정에서 과도하게 흥분하면서 상대를 깨물거나 다치게 할 수 있는데, 이를 '놀이 공격성'이라 합니다. 장난으로 놀아주다가 깨무는 경우뿐 아니라, 고양이가 문이나 가구 뒤에 숨어 있다가 집사가 이동할 때 뛰어나오면서 발목이나 다리를 무는 것도 놀이 공격성에 포함할 수 있습니다.

일부에서는 이 모습이 고양이가 사냥을 하는 모습과 굉장히 유사하기 때문에 이를 포식 공격성으로 분류하기도 합니다. 이런 놀이 공격성은 통상적으로 사람을 대상으로 하는 경우가 일반적이지만, 일부는 다른 고양이나 동물을 대상으로 하는 경우도 있습니다.

놀이 공격성이 발생하는 4가지 원인

1. 어릴 때 형제 고양이와 놀면서 제대로 된 놀이 매너를 배우지 못한 경우
2. 놀이가 과도하게 흥분된 상태로 진행되는 경우
3. 어릴 때 집사가 잘못된 놀이, 즉 손으로 놀아주는 놀이의 형태가 심화되면서 사람을 깨물거나 할퀴는 형태로 발전하는 경우
4. 현재 놀이가 현저히 부족해서 놀이 에너지를 발산하는 과정에서 공격성이 발현되는 경우

놀이 공격성이 발생하는 원인은 앞의 4가지로 추정할 수 있습니다. 따라서 어릴 때 올바른 놀이를 통해 아기 고양이에게 사람을 깨물어서는 안 되며 어느 정도까지가 적정한 놀이 수준인지를 알려주어야 합니다. 이 내용은 '아깽이 놀이법'을 통해 좀 더 자세히 알아볼 수 있습니다.

134쪽 참고
📎 아깽이 놀이 교육의 중요성에 대해 배워봅시다.

동시에 충분한 놀이를 제공해서 고양이의 에너지를 해소시켜주는 것이 반드시 필요합니다. 이런 종류의 공격성을 보이는 고양이는 대부분 어리고 활기찬 고양이로, 소진되어야 할 에너지가 100이라면 집사가 놀이로 해소해주는 부분이 30~40밖에 되지 않기 때문에 스스로 놀이를 찾아나서는 것입니다. 따라서 일단 고양이를 탓하기 전에 하루 3, 4차례 정도 나누어서 많이 놀아주도록 합니다.

고양이가 사람을 공격할 때 대처법

일단 고양이가 공격성을 나타내면서 사람을 이미 깨물었다면 어떻게 하는 것이 좋을까요? 사람들이 쉽게 떠올리는 방법은 혼을 내는 것이지만, '잘못된 행동에 벌을 가함(positive punishment)'으로써 문제를 교정하려는 것은 좋은 효과를 보기 어렵습니다. 단순히 윤리적인 측면에서 좋지 않기 때문이 아니라, 이렇게 벌을 주어봤자 고양이는 사람에 대해 나쁜 인상을 가지거나 더욱 공격적으로 변할 수 있기 때문입니다. 혼을 내려고 하면 더욱 공격적으로 변하는 고양이를 경험해본 집사들도 있을 거예요. 더군다나 사람이 사람의 방식으로 고양이를 혼을 내보았자 고양이에게 제대로 전달되지 않을 가능성이 높기 때문에 이런 방법을 쓰는 것은 추천하지 않습니다. 그보다는 고양이를 지켜보다가 고양이가 공격적으로 변하려는 직전에 놀이를 그만두어서 공격 자체가 일어나지 않도록 하는 편이 좋습니다.

고양이의 공격 시그널 읽기

그렇다면 어떻게 고양이가 놀다가 갑자기 공격하려는 것을 알 수 있을까요? 가장 직접적인 방법 중 하나는 눈동자를 관찰하는 것입니다. 앞에서 보았듯이 고양이는 흥분하면 교감신경이 각성되면서 갑작스레 눈동자가 커지는 것을 볼 수 있습니다. 눈이 갑자기 산동이 되면 1~2초 이내 대부분 공격을 하기 때문에, 그 순간 바로 놀이를 중단합니다.

또 놀이가 지나친 흥분 상태가 되기 전에 중간중간 짧게 끊어서 작은 간식 알갱이 한 개씩만 포상으로 주어서, 깨물지 않고 놀아야만 포상을 받을 수 있다는 것을 알려주는 것이 좋습니다.

만약 문 뒤에서 뛰어나와 다리를 물 때에는 어떻게 할까요? 이때에는 고양이가 숨을 만한 공간을 최소화하고, 집 안 곳곳에 쉽게 손 닿을 수 있는 곳에 장난감이나 간식 같은 것을 준비해둡니다.

산동

이후 교육을 하는 수주에서 수개월간은 문을 지날 때마다 고양이가 뒤에서 덮치지 않을지 경계해야 합니다. 만약 낌새가 느껴진다면 고양이가 문에서 바라볼 때나 뛰어나와서 나를 물기 전에, 뒤돌아서서 그대로 멈춘 뒤 고양이를 쳐다봅니다. 대부분의 경우 이렇게 반응하면 고양이는 공격을 중단합니다. 고양이가 공격을 중단하면 주변에 있는 장난감을 던져주어서 고양이가 그것을 가지고 놀도록 하고, 관심 전환이 충분히 잘 이루어진 경우에는 간식으로 포상할 수 있습니다.

만약 이미 고양이가 나를 깨물었다면 배웠던 대로 손을 그 즉시 치우고 고양이를 무시한 채 다른 곳으로 가버려서 냉각기를 가지는 것이 좋습니다. 하지만 발목을 물고 늘어지거나 하는 식으로 고양이가 물고 놓아주지 않는 경우에는 고양이를 깜짝 놀라게 해서 고양이를 일단 떨어뜨릴 수 있습니다. 이때에는 큰 소리를 내거나, 스프레이로 물을 뿌리거나, 핸드 펌프 등을 이용해서 바람을 훅 불어서 고양이를 놀래킬 수도 있습니다.

고양이가 잘못한 경우에는 간식 포상 금지!
고양이가 잘못한 경우에는 절대로 간식 포상을 해서는 안 됩니다. 이것은 고양이에게 나를 물라고 독려하는 것이나 마찬가지입니다!

핸드 펌프

단, 주의할 점은 이런 식으로 '벌'을 가하는 것은 고양이에게 부정적 인식을 줄 수 있기 때문에 조심스럽게 적용해야 합니다. 내가 잘못하면 집사가 나에게 벌을 준다는 인식을 주는 것은 좋지 않습니다. 그보다는 '나쁜 행동을 할 때마다 깜짝 놀라는 일이 생긴다'라는 식으로 고양이가 인식할 수 있도록 해줍니다.

마지막으로 다시 한 번 강조하고 싶은 점은 언제나 공격이 이루어지기 전에 행동을 전환시키는 것이 더 좋은 교육 결과를 가져온다는 점입니다. 고양이가 행동 전환을 하면 포상을 받도록 하고, 이런 과정이 반복되면서 고양이 스스로가 공격을 하지 않는 것이 더 좋다는 것을 깨닫게 만들어주는 것이지요. 반대로 이미 고양이가 나를 공격한 이후에 벌을 주는 것은 얼핏 효과가 좋아 보이지만 근본적인 문제 해결이 어려워질 수도 있음을 꼭 기억하세요.

집사가 퇴근(외출) 후 지켜야 할 놀이 십계명

1. 매일 일정한 시간에 하루 30분~1시간 동안 고양이와 놀이 시간을 가집니다.
2. 낚싯대와 같은 놀이기구로 최대한 사냥과 비슷한 형태로 놀아줍니다.
3. 요일별로 다른 장난감을 사용하면 좋습니다.
4. 장난감을 놀아준 이후 치웠다가, 놀이 시간에만 다시 꺼냅니다.
5. 평소에 노는 장난감은 다른 것으로 준비해줍니다.
6. 고양이가 놀이 과정에서 낚아채기에 성공하면 잠시 장난감을 물고 뜯을 수 있도록 해주세요.
7. 고양이는 사냥에 성공한 것에 버금가는 성취감을 느껴야 합니다.
8. 놀이가 끝난 이후에는 음식으로 포상해주세요.
9. 절대 손으로 놀아주지 마세요.
10. 놀이 과정에서 깨무는 행동을 용인해서는 안 됩니다.

고양이 혼자서 하는 놀이

집사와 함께 하는 놀이

고양이만의 장난감 놀이

놀이 루틴 ❸

혼자서도 잘 놀아요!
장난감 활용법

사실 집사의 입장에서는 하루 30분씩 빼먹지 않고 놀아주기란 쉽지 않습니다. 퇴근하고 지친 몸을 이끌고 들어와서 고양이와 놀아주고, 밥도 주고, 화장실도 치워주면 하루가 금방 가버리고 말지요. 하지만 집 안에서만 지내는 고양이에게는 하루 30분 이상 활력적으로 지낼 수 있는 시간이 필요합니다. 집사가 고양이와 놀아준 다음, 아직 에너지가 넘치는 고양이를 위해서 혼자서도 잘 놀 수 있도록 장난감을 제공해주는 것이 좋습니다. 고양이를 위해서는 어떤 장난감이 좋을까요? 장난감 놀이법에 대해 자세히 알아보도록 하겠습니다.

고양이가 혼자 놀 때는 오감만족 장난감

요즘은 반려동물을 위한 다양하고 신박한 장난감들이 정말 많지요. 그런데 장난감을 비싼 돈을 주고 구입했는데, 고양이가 눈길도 주지 않아 실망하는 경우도 흔합니다. 사실 이렇게 신박하고 좋은 장난감은 집사의 눈에만 좋아 보이는 것일 수도 있어요. 그렇다면 고양이 입장에서 좋은 장난감은 어떤 것일까요? 고양이의 오감을 만족시킬 수 있는 장난감에 대해 알아봅시다.

\ 시각적으로 매력적인 장난감 /

고양이는 가장 먼저 시각을 이용해 사냥감을 찾습니다. 때문에 장난감 역시 시각적으로 고양이에게 매혹적으로 보이는 것이 좋습니다.

고양이의 눈은 사냥감을 찾기에 최적화되어 있습니다. 잡식 동물인 사람은 빨강, 노랑, 파랑의 3원색을 바탕으로 아주 다양한 색깔을 인식합니다. 이것은 채집이나 수렵에 유리하도록 진화한 형태입니다. 반면 육식 동물인 고

양이는 노랑과 파랑을 기본으로 색깔을 인식합니다. 때문에 사람에 비해서 녹색이나 푸른 빛이 도는, 상대적으로 단조로운 풍경을 보게 되지요. 이러한 시각은 '배경을 대상으로 움직이는 사냥감'을 인식하는 데에 더 적합한 형태입니다.

따라서 시각적으로 고양이를 강력하게 유혹할 수 있는 장난감은 '움직이는 장난감'입니다. 일단 움직이는 것은 고양이의 주의를 끕니다. 이것이 실제 놀이로 이어지기 위해서는 사냥감과 가장 유사한 형태로 장난감이 움직이는 것이 좋습니다. 처음부터 과장되게 움직이면 고양이가 겁을 먹기 십상이고, 그렇다고 단조롭게 움직이면 고양이는 쉽게 흥미를 잃습니다. 따라서 움직이는 장난감을 사용할 때, 고양이 앞에서 보란 듯이 꺼내 놓는 것보다 이불 아래 또는 선반 뒤와 같은 곳에서 두어서 고양이를 유혹하는 것을 추천합니다.

장난감의 크기 역시 중요합니다. 장난감의 크기는 고양이가 일반적으로 잡는 사냥감, 즉 쥐의 크기를 벗어나지 않는 수준이 좋습니다. 지나치게 큰 장난감은 고양이가 덤벼들 엄두가 나지 않을 수 있습니다. 특히 이런 장난감의 크기는 고양이의 기질에 맞추어 집사가 조절해줄 수 있습니다. 이제는 무지개 다리를 건너 고양이 별로 간 저희 집 고양이, 냥이는 굉장히 소심한 고양이로 벌레도 무서워하는 아이였습니다. 잡을 수 있는 벌레는 초파리 밖에 없었지요. 냥이가

움직이는 장난감을 줄 때 주의사항

고양이는 사냥의 단계 중 '내려치기'나 '잡기' 같은 행동을 할 수 없을 때에는 놀이 과정에서 좌절감을 느끼게 되는 것으로 알려져 있습니다. 즉, 자신이 실제로 잡을 수 없는 놀잇감에 대해서는 금방 흥미를 잃게 되는 것입니다. 이것이 바로 우리가 배웠던 좌절감(frustration)입니다. 이렇게 좌절감을 주는 놀이가 반복되면 고양이는 놀이에 대한 욕구를 점차 잃게 되고 맙니다.

주로 가지고 놀던 것은 빵 끈 정도의 작은 장난감이었고, 그 크기가 손가락 두 마디를 넘어서면 일단은 흥미로우니 지켜보기는 하지만 쉽사리 덮치지는 못했습니다. 반면 활력적인 다른 고양이 '망고'는 장난감을 네 발로 그러잡은 채 물고, 발톱으로 뜯을 수 있는 쥐 정도의 크기, 혹은 그보다 큰 장난감을 좋아했지요.

고양이 성격별 장난감 크기 추천

- 소심한 고양이에게는 작은 장난감
- 활력적이고 용감무쌍한 고양이에게는 큰 장난감
- 연령이나 체구에 맞추어 장난감 크기를 조절해주세요.

\ 청각을 자극하는 장난감 /

고양이가 사냥감을 찾는 데에는 청각 역시 큰 도움이 됩니다. 고양이는 양쪽 귀를 각각 따로 움직일 수 있을 뿐 아니라 180도까지 회전시킬 수 있습니다. 이렇게 양쪽 귀에서 수집한 소리의 차이를 분석해서 사냥감이 어디로 움직이는지 추정할 수 있는 능력을 가지고 있습니다.

또 체구가 큰 동물은 저주파를 잘 듣고, 작은 동물은 고주파를 잘 듣는 경향이 있는데, 고양이는 체구가 작은 것에 비해 저주파부터 고주파까지 굉장히 넓은 범위의 소리를 들을 수 있는 능력을 갖추고 있습니다. 이 가청 범위는 심지어는 듣기 능력이 뛰어난 개보다도 넓은 것으로 알려져 있습니다. 이 중에서도 고양이의 청각은 주요한 사냥감인 설치류가 내는 높은 고주파 소리를 듣는 것에 특화되어 있습니다. 때문에 이런 소리를 내는 장난감 역시 고양이에게 유혹적입니다. 이렇게 고양이를 유혹하는 소리를 내는 장난감들이 이미 시중에 개발되어 판매되고 있습니다.

고양이가 싫어하는 소리

우리가 주의해야 할 것은 고양이가 소리에 아주 민감하다는 점입니다. 고양이는 앞서 설명한 대로 낮은 주파수의 소리도 광범위하게 듣기 때문에 사람 입장에서는 별다른 소리도 들리지 않는 방에서 '우웅~' 하고 낮게 깔리는 기계음 같은 것을 더 크게 느낄 수 있습니다. 때문에 세탁실 같은 곳에 고양이 화장실을 두거나 식기세척기 옆에 밥 그릇을 두면 고양이에게 불안감을 주어 스트레스를 유발할 수 있으니 유의해야 합니다.

\ 고양이 후각의 비밀 /

고양이는 근거리에 있는 사냥감을 찾고 추적하기 위해 시각이 발달되어 왔습니다. 이때 고양이 최적의 포커스는 대략 2~6m 정도입니다. 반면 너무 가까운 사물, 약 25cm 이내의 것은 시각만으로는 충분히 인식할 수 없어서 수염이나 촉각, 후각의 도움을 많이 받습니다. 그래서 우리가 고양이에게 새로운 장난감을 내밀면 고양이는 얼른 코를 가까이 대서 냄새를 맡으며 대상을 인식하는 모습을 흔히 볼 수 있습니다.

또한 고양이의 후각은 사람과 비교했을 때 천 배에서 최대 만 배에 이를 정도로 잘 발달되어 있습니다. 때문에 고양이에게 장난감을 줄 때에는 냄새에도 많은 신경을 써야 합니다.

고양이가 싫어하는 냄새

- 화학 물질이 느껴지는 독한 냄새
- 오렌지 향과 같은 시트러스 계통의 냄새
  (이런 냄새가 나는 세제로 닦거나 세탁하지 마세요!)

반대로 고양이가 좋아하는 냄새를 놀이를 위해 적극 이용할 수 있습니다. 가장 대표적인 것이 바로 캣닢과 마따따비입니다.

128쪽 참고
🐾 캣닢과 마따따비 활용법

\ 물고 뜯는 촉각 만족시키기 /

사실 사람들은 고양이 장난감을 살 때에 사람의 입장에서 디자인이나 기능성 같은 것에 주목하는 경향이 있습니다. 하지만 실제로 사용하는 고양이 입장에서는 냄새나 재질 같은 것이 사용감을 결정하는 데에 있어 굉장히 중요하게 작용합니다.

특히 고양이에게는 직접 물고 뜯을 수 있는 장난감이 꼭 필요합니다. 따라서 손발톱이 들어갈 수 있고 깨물 수 있는 천이나 노끈 등을 감아서 만든 재질의 장난감을 추천합니다. 플라스틱이나 셀로판지 등으로 된 것은 고양이의 발톱이나 이빨이 들어갈 수 없기 때문에 이런 것으로 된 장난감만 주어서는 고양이의 사냥 욕구를 충족시킬 수 없습니다.
또한 재질을 생각할 때에는 안전에 대한 고려 역시 동반되어야 합니다. 손톱이 걸릴 부분이나 뜯어 먹을 부분이 있지는 않은지, 혹은 봉제 부분이 뜯어져서 고양이가 실을 삼킬 위험은 없는지 등 다양한 위험 요소를 미리 따져봐야 합니다. 필요하다면 단추로 된 인형의 눈이나, 뜯어 먹기 쉬운 꼬리 같은 부분은 미리 제거하고 주는 것도 좋습니다.

놀이의 원칙은 언제나 지켜져야 한다!

집사가 놀아줄 때뿐 아니라 장난감을 꺼내줄 때에도 놀이 원칙을 그대로 지켜야 합니다. 고양이에게 놀라고 장난감을 줄 때에는 이런 원칙을 등한시하는 경우가 많은데, 이렇게 해서는 놀이 흥미가 점진적으로 감소하기 쉽습니다. 그렇다면 놀이 원칙을 어떻게 지켜줄 수 있을까요?

장난감은 고양이 눈앞에 보이지 않는 서랍에 보관했다가 요일에 따라 바꾸어 꺼내주어야 합니다. 고양이가 재미있게 가지고 놀고 나올 즈음을 노려 먹이 포상을 해주어야 하고, 다 쓴 장난감은 잘 닦아서 다시 보이지 않는 곳으로 치워야 합니다. 그렇지 않고 보이는 곳에 장난감이 늘상 즐비하게 놓여져 있으면 고양이는 장난감에 대한 흥미를 점차 잃고 맙니다.

62쪽 참고
🐾 장난감 보관법, 고양이 놀이에 있어서 정말 중요해요!

캣닢, 마따따비 활용법

집사들은 '고양이 뽕파티'라는 말을 자주 사용하지요? 이는 고양이가 캣닢과 마따따비에 기분 좋게 취해 흥분된 상태를 말합니다. 캣닢과 마따따비는 고양이가 우울하고 무료할 때 쉽게 기분 전환을 시켜줄 수 있는 아주 중요한 장난감이에요. 그만큼 집사는 캣닢과 마따따비의 올바른 사용법에 대해 정확히 알고 있어야 합니다.

\ 고양이가 우울할 때는 캣닢! /

캣닢은 '개박하'라고도 하는 다년생의 풀인데, '네프탈렉톤'이라는 성분이 함유되어 있습니다. 이 성분을 맡으면 고양이는 흥분성의 쾌감을 느끼게 됩니다. 따라서 고양이가 무료해 보이거나 우울할 때 캣닢을 주는 것은 아주 좋은 행동학적 처방이 될 수 있습니다.

그런데 캣닢 쿠션을 주고 그냥 내버려두는 경우도 종종 볼 수 있는데, 캣닢이 주는 흥분된 쾌감은 후각을 통해 전달되는 것이기 때문에 지속 시간이 5~15분가량밖에 되지 않습니다. 화장실에 들어간 후 시간이 조금 지나면 화장실 냄새가 덜 나는 것처럼 느껴지는 것과 같이 고양이도 금방 냄새에 익숙해지기 때문입니다. 따라서 캣닢을 줄 때에는 고양이가 지루해할 때를 노려 제공해준 뒤, 15분가량이 지나서 관심이 떨어질 때에는 수거하는 것이 좋습니다. 이후에는 냄새가 사라지지 않도록 지퍼백에 넣어서 고양이의 손길이 닿지 않는 곳에 보관하다가, 필요할 때 1주일에 한두 번 정도 노출해주는 것이 좋습니다.

아무 때나 캣닢을 주면 안 돼요!
단순히 고양이가 좋아한다고 아무 때나 캣닢을 주는 것은 좋지 않아요. 예를 들어 고양이들끼리 싸워서 아직 흥분 상태일 때 기분을 풀어주려고 캣닢을 주는 것은 오히려 흥분 상태를 가중시킬 수 있어서 주의가 필요합니다.

\ 캣닢, 먹어도 될까? /

가루로 된 캣닢을 줄 때면 고양이들이 캣닢을 먹는 모습을 볼 수 있습니다. 문득 '먹어도 괜찮을까?' 하는 의문이 들게 됩니다. 캣닢은 개박하꽃과 잎을 말린 것으로 고양이가 먹어도 됩니다. 다만 용량을 늘리기 위해 줄기 부분을 넣거나 다른 성분이 포함되는 경우에는 소화기 증상을 유발할 수도 있으니 주의가 필요합니다. 요즘은 활용도를 높이기 위해 캣닢을 넣은 캣닢 쿠션 형태로 제공해주는 경우가 많은데, 천 부분이나 바느질한 부위를 뜯어 먹지 않도록 잘 관찰하는 것이 좋습니다.

캣닢 쿠션 만드는 방법, 어렵지 않아요!

1. 귀여운 천(양말), 솜, 캣닢 가루를 담은 백을 준비합니다.

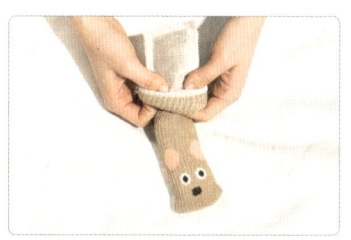

2. 천 속에 캣닢 가루를 넣어주세요.

3. 솜을 넣어 빵빵하게 채우면 캣닢 쿠션 완성입니다.

사진 출처 : 스쿱(www.the-scoop.co.kr)

\ 행복감을 선사하는 마따따비 /

고양이에게 행복감을 선사할 수 있는 또 다른 식물로는 '개다래 나무'가 있습니다. 흔히 '마따따비'라는 이름으로도 불립니다. 캣닢과 비슷하게 고양이에게 흥분성의 쾌감을 줄 수 있는 액티니딘이라는 성분을 함유하고 있습니다.

더러 캣닢을 주면 별 반응을 보이지 않는 고양이들이 있습니다. 저희 집 고양이도 그랬지요. 대략 30% 정도의 고양이는 캣닢에 유전적으로 반응하지 않는 것으로 알려져 있습니다. 하지만 다행히도 캣닢에 반응하지 않는 고양이의 80% 정도는 마따따비에 반응하는 것으로 연구를 통해 알려져 있기 때문에, 캣닢에 반응하지 않는 고양이에게는 마따따비를 대신해서 제공해볼 수 있습니다.

이렇게 캣닢과 마따따비 등은 고양이에게 즐겁고 흥분되는 기분을 만들어줄 수 있습니다. 특히 이런 것들은 놀이와 관련해서 놀고 싶은 분위기를 만들어주는 데에 도움이 될 수 있기 때문에 잘 활용하면 좋습니다.

캣닢 파티!
행복하다옹~

움직이는 장난감을 사주었는데 심드렁해요

최근에 움직이는 장난감을 하나 샀습니다. 다소 비싸서 망설였지만 우리 고양이를 위해 큰맘 먹고 구매했지요. 집에 오자마자 두근두근하며 장난감을 작동시켜보았는데 고양이가 멀리서 지켜보기만 할 뿐 다가가질 않더라고요. 이제는 아예 관심이 없어 보입니다. 왜 이 장난감에 관심이 없는 걸까요?

집사의 눈에는 좋아 보이는 장난감이어도, 정작 고양이에게 인기가 없는 경우가 많지요. 이는 고양이 입장에서는 사냥할 마음이 나지 않는 장난감이기 때문입니다. 앞에서 배운 원칙을 하나씩 떠올려보면, 일단 고양이의 발톱이 들어가거나 물어뜯을 수 없는 재질, 예를 들어 전체적으로 플라스틱으로 이루어져 있는 경우입니다. 사람 입장에서 움직이기도 하고 신박해 보이지만, 고양이 입장에서는 움직이는 전자 기구에 불과할 수도 있지요. 또 움직이는 장난감 중에 부피가 너무 큰 경우도 있습니다. 이런 경우 고양이가 흥미로워하지만 감히 가지고 놀 엄두를 내지 못할 수 있습니다. 움직이는 장난감이 내는 소음도 고양이에게는 너무 크게 느껴질 수도 있습니다.

이런 장난감을 '고양이가 언젠가는 쓰겠지' 하고 밖에 꺼내두면 어떻게 될까요? 앞서 배웠듯이 고양이는 그 장난감에 습관화되어 더 이상 사냥감으로 여기지 않게 됩니다. 물론 아주 활력적이고 용감한 고양이들에게는 이런 장애가 놀이에 전혀 문제가 되지 않습니다. 하지만 우리 집 고양이가 경계심이 있거나 놀이에 적극적이지 않다면 이런 점들을 잘 고려해서 장난감을 선택해주어야 잘 가지고 놀 수 있답니다!

PART 4
우리 집 고양이 맞춤 놀이 솔루션

병원에서 보호자 상담을 하다 보면, 고양이의 나이나 상황에 따라 정말 다양한 놀이 고민이 있다는 것을 느끼게 됩니다. 사람도 성격이나 취향에 따라 다양한 취미 생활을 즐기는 것처럼, 고양이의 놀이 수준이나 욕구도 천차만별이기 때문입니다. PART 4에서는 아기 고양이, 노령묘, 다묘 가정, 뚱냥이, 잘 놀지 않는 소극냥이 등 다양한 우리 집 고양이 상황에 맞는 맞춤 놀이 솔루션을 알아보겠습니다.

아깽이 놀이 교육의 중요성

아기 고양이를 관찰해보면 굳이 집사가 놀아주지 않아도 하루 종일 주변의 온갖 사물을 대상으로 재미나게 노는 것을 볼 수 있습니다. 특히 한 마리 이상을 입양한 경우라면 서로 어울려 노느라 집 안을 하루 종일 우다다 뛰어다니기도 하지요. 이런 걸 보면 따로 놀아주지 않아도 될 것 같이 느껴지지만, 사실은 전혀 그렇지 않습니다. 고양이가 어릴 때, 집사는 더 열심히 놀아주어야 합니다.

\ 놀이는 아기 고양이의 정상적인 발달 과정 /

엄마 밑에서 자라는 어린 고양이들을 살펴보면 형제들끼리 이리 뛰고 저리 뛰면서 아주 활발하게 노는 것을 볼 수 있습니다. 이런 놀이 과정을 통해서 고양이는 정상적인 발달을 하게 됩니다. 즉, 이 시기의 놀이는 고양이 입장에서는 일종의 학교 교육, 홈 스쿨링인 셈입니다. 이런 과정을 통해서 앞발로 내려치는 것도 배우고, 뒷발로 서는 힘도 기르게 됩니다. 깨무는 방법과 어느 정도 깨물면 상대가 아파하거나 다칠 수 있는지도 알게 되지요.

특히 이런 교육은 단순히 신체적인 힘에만 국한되는 것이 아니라 인지 능력 함양에도 도움이 됩니다. 이때 배운 내용은 커서도 계속 유지되는 경우가 많고, 후에 추가적인 교육을 하는 데에 있어서도 초기 교육을 받은 고양이의 교육 효과가 월등한 것을 확인할 수 있습니다.

\ 아기 고양이를 위한 키튼 클래스 /

학교는 대부분의 사람에게 재미없고, 지루한 곳으로 느껴집니다. 하지만 고양이에게 있어서 교육은 언제나 즐겁고 재미있는 것이여야 합니다. 새로운 것을 보여주고 거기에 대해 사람이 원하는 반응을 해주면 포상을 해줍니다. 이런 과정을 통해 이후에도 고양이가 스스로 이런 선택을 하는 것이 즐겁고 좋다고 인식하도록 만들어주는 것입니다.

고양이의 기질, 사물에 대한 태도 등은 아주 어릴 때에 결정됩니다. 따라서 이 시기에 교육을 통해 사물이나 상대에 대해 긍정적인 인식을 가지게 되는 것은 평생을 좌우하는 아주 중요한 일입니다. 때문에 고양이 행동학자들은 이 시기에 고양이에게 기초 교육을 시행하는 것을 권장하고 있고, 해외에서는 키튼 클래스가 활발하게 진행되고 있기도 합니다. 그렇다면 이 시기에 무엇을 어떻게 알려줄 수 있을까요?

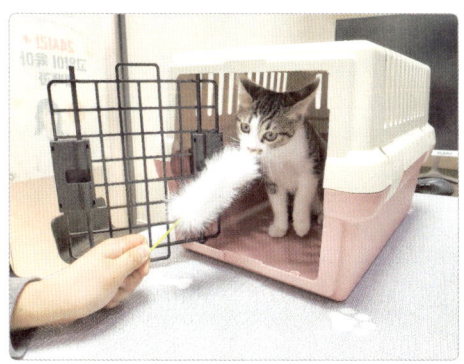 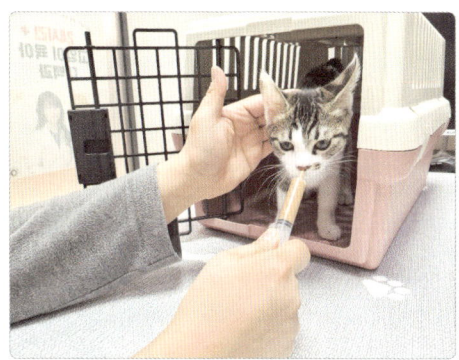

이동장 안에서 장난감으로 놀아주거나 음식을 주면서 손길에 천천히 익숙해지도록 합니다.

\ 천천히 다가가세요 /

사람들은 (심지어 고양이를 싫어하는 사람까지도) 너나 할 것 없이 아기 고양이를 예뻐하지만 사실 아기 고양이의 반응에는 그다지 관심을 두지 않는 것 같습니다. 아기 고양이를 덥썩 안고 쓰다듬어주지만, 아기 고양이가 울거나 "하악!" 하는 것은 그저 귀엽게 생각하고 넘어가지요. 그런데 아기 고양이의 입장은 어떨까요?

아기 고양이는 지금 엄마, 형제들과 떨어져서 아주 불안한 상태입니다. 게다가 낯선 생명체인 사람들이 자신을 만지고 들어올립니다. 이 공포는 거의 외계인에 납치되어 죽을 것만 같은 상황일 수 있습니다. 아기 고양이의 하악질은 사람에게는 크게 들리지 않았겠지만, 고양이의 머릿속에서는 낯선 사람에 대한 공포가 자리잡게 됩니다. 결국 이 고양이는 커서도 집사 외의 사람들을 경계하게 될 가능성이 큽니다.

따라서 이 시기에는 고양이가 사람이나 고양이, 그리고 다른 동물에 좋은 감정을 가질 수 있도록 천천히 다가가는 것이 중요합니다. 이를 통해 불안감을 줄여주고 그때마다 좋은 경험을 하도록 해주는 것이 바람직합니다. 이런 과정을 통해 아기 고양이는 사람에 대해 '긍정적 사회화'를 할 수 있습니다.

> **31쪽 참고**
> 🐾 아기 고양이 사회화, 꼭 기억하세요.

> **34쪽 참고**
> 🐾 낯선 사람에 대한 공포를 없애는 방법, 다시 복습해볼까요?

\ 아깽이에게 좋은 첫 인상 심어주기 /

키튼 클래스 첫 단계로 아기 고양이에게 '사람은 좋은 친구'라는 것을 알려줄 수 있습니다. 먼저 안정감을 주기 위해서 고양이가 자기 냄새가 밴 담요와 함께 이동장과 같은 은신처에서 잠시 쉬도록 둡니다. 고양이가 이 안에서 안정감을 찾으면 이동장 안으로 막대 장난감을 넣어 놀아줍니다. 고양이가 안정이 되어서 조금씩 놀이에 응한다면, 숟가락 끝에 습식 사료를 조금 떠서 고양이가 핥아먹을 수 있도록 해줍니다.

고양이가 음식을 받아먹는다면, 먹는 동안 가볍게 쓰다듬어줍니다. 고양이가 거부감을 느끼거나 하악거린다면 선행 과정을 훨씬 길게 시행하다가 다시 시도하는 것이 좋습니다. 쓰다듬는 손길에 거부감이 없다면 살짝 안아볼 수도 있습니다.

고양이가 익숙한 사람 품에 안겨서 안정감을 취할 때에 다른 사람이 비슷하게 놀아주거나 음식을 주면서 경계를 풀어줄 수 있고, 고양이가 음식을 먹는 동안 가볍게 쓰다듬어줄 수 있습니다. 이런 과정을 통해서 고양이는 점진적으로 사람에 대해 경계심을 허물고 좋은 인상을 가질 수 있습니다.

\ 발톱깎이도 무섭지 않아요 /

앞에서 배웠던 개념 중 '습관화'를 기억하나요? 주변의 사물에 대해 익숙해지고 이것들이 해롭지 않다는 것을 익히게 되는 것이 습관화입니다. 사회화 과정과 비슷한 과정을 통해서 아기 고양이가 주변 사물에 대해서도 긍정적인 인식을 하도록 도와줄 수 있습니다.

발톱 깎는 것을 예로 들어보겠습니다. 앞의 사회화 과정과 비슷하게 아기 고양이에게 놀이를 해주고 긴장이 풀어진다면 먹이를 줍니다. 아기 고양이가 먹이를 먹는 동안 처음에는 발톱깎이를 멀리서 살짝 보여주고, 고양이가 겁을 내지 않는다면 천천히 가까이 가져온 뒤 한 개 정도의

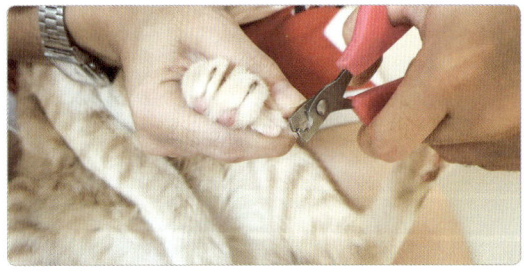

아기 고양이 발톱 깎는 모습

발톱을 깎아줍니다. 이런 과정을 통해 발톱을 깎는 것이 무섭지 않다는 것을 교육시킬 수 있습니다. 비슷하게 양치나 빗질을 잘 받아들일 수 있도록 교육시킵니다.

60쪽 참고
🐾 발톱 깎기를 습관화하는 방법에 대해 다시 살펴봅시다.

\ 드라이기 소리도 겁나지 않아! /

고양이가 살면서 평생 만나게 되는 것들, 예를 들어 드라이기, 청소기 소음 등에 어릴 때부터 익숙해지도록 교육하는 것은 사람과 함께 사는 고양이의 삶의 질을 위해서 아주 중요한 일입니다. 다짜고짜 목욕을 시킨 뒤 드라이기를 사용하면 어릴 때에는 완력으로 강제할 수 있겠지만, 나이가 들어서는 드라이기를 전혀 쓸 수 없는 고양이가 되고 맙니다.

이때에도 원칙은 동일합니다. 즐겁고 기분이 썩 괜찮을 때 멀리서 고양이가 감내할 수 있는 정도의 작은 소리로 드라이기를 틀고 고양이가 신경 쓰지 않으면 포상하는 것입니다.

이 단계를 성공하면 조금씩 소리를 높이거나 거리를 좁히고, 고양이에게 아닌 척 살짝 바람을 한 번 가게 합니다. 이럴 때 고양이가 드라이기에 집중하기보다는 즐거운 일에 집중할 수 있도록 해줍니다. 이런 과정을 통해 고양이가 받아들일 수 있는 수준에서 드라이기를 사용을 조금씩 늘려갑니다.

고양이가 드라이기와 친해지는 방법

- 고양이가 놀고 있을 때 아주 작은 소리로 멀리서 드라이기 틀어주기
- 고양이가 경계하지 않도록 놀이로 주위를 집중시키기
- 드라이기에 크게 신경 쓰지 않으면 얼른 먹을 것을 주어 포상하기

주의할 점은 아깽이 놀이 교육 과정이 짧은 글로 서술되어 있다고 해서 하루만에 끝내는 단기 교육 프로그램이 아니라는 점입니다. 다행히 성묘에 비해서 아기 고양이들은 새로운 것을 잘 받아들일 수 있는 오픈 마인드를 가지고 있지만, 그래도 최소 수주에 걸쳐 교육을 점진적으로 진행해야만 합니다. 교육 과정 중에는 고양이가 부정직인 경험을 하지 않도록 주의해야 하고, 만약 그런 낌새가 있다면 전의 단계를 최소 2배 정도에 걸쳐 시행해서 천천히 진행하는 것이 좋습니다.

\ 사람의 환경에 익숙해지도록 도와줘요 /

제 주변에는 고양이를 정말 사랑하는 사람들이 아주 많습니다. 이 중에 간혹 아기 고양이가 스트레스받을까 염려되어서 집 안에 조명도 절대 높이지 않고, TV도 틀지 않으면서 기르는 보호자도 만난 적이 있습니다. 아기 고양이는 덕분에 스트레스받지 않는 유년을 보낼 수 있겠지만, 결국 이 고양이도 나이가 들면 사람의 환경에 자연스레 노출될 수밖에 없습니다.

창밖에는 자동차가 지나가고 집 안에는 주기적으로 청소기가 돌아가지요. 게다가 택배 기사님이 벨을 누르고, 가스 검침하는 분께서 집 안에 들어오기도 합니다. 그뿐일까요? 가끔 명절에 이동장에 들어가 차를 타고 여행을 해야 할 수도 있고, 동물병원에 가기도 합니다. 이럴 때 어린 시절에 적절한 노출이 되어 있지 않은 고양이는 이런 자극을 도저히 견딜 수가 없어 발작적으로 공포를 호소합니다. 결국 사람과 함께 사는 고양이로서 삶의 질이 현저하게 떨어질 수밖에 없는 것이지요. 따라서 반려동물로서 고양이를 키우려 한다면, 어릴 적부터 고양이가 이런 것들을 주변의 자연스런 사물이나 대상으로 인식할 수 있도록 교육해주는 것이 중요합니다.

\ 놀이는 성숙한 고양이로 거듭나게 해요 /

키튼 클래스와 같은 교육 역시 어린 고양이에게는 놀이가 될 수 있습니다. 흥미로운 새로운 것들을 알게 되고, 적절한 포상을 받을 수 있을 뿐 아니라, 사람과 긍정적인 유대도 가질 수 있으니까요. 하지만 우리가 생각하는 일반적인 놀이 역시 아기 고양이에게 많은 것을 알려줍니다. "매너가 사람을 만든다!"라는 한 영화의 유명한 대사처럼 놀이는 고양이에게 매너, 올바른 태도를 알려줍니다.

아기 고양이는 엄마로부터 모든 것을 조건 없이 받기만 했던 젖먹이 시절을 지나 젖을 떼는 과정을 통해 처음으로 거절을 알게 됩니다. 배가 고파 엄마를 졸졸 따라가면 엄마는 자신이 닿지 않는 선반 같은 곳에 올라가 더 이상 다가오지 못하도록 합니다. 아기 고양이는 이런 과정을 통해 좌절감을 느끼기도 하지만, 곧이어 앞으로 먹어야 할 음식을 찾게 됨으로써 성공적인 독립을 하게 되고 더 나아가 어엿한 큰 고양이로 성장하게 됩니다.

놀이를 하는 과정에서도 고양이는 '거절'이라는 것을 알게 되지요. 너무 신이 나서 다른 고양이를 과하게 깨물면 친구는 흥이 깨져버리고 자리를 피하게 됩니다. 놀이가 중단된 아기 고양이는 시무룩해지죠. 이런 과정을 통해 아기 고양이는 놀이가 너무 격해지면 상대가 싫어한다는 점을 배우게 되고, 적당한 시점에서 멈추어야 한다는 것도 알게 됩니다. 즉, 아기 고양이 시절의 놀이는 고양이에게 거절, 좌절, 행동 요령을 알게 해주는 시점인 것입니다.

\ 아기 고양이에게 매너를 알려줘요 /

엄마나 형제 고양이가 아닌 사람이 놀이를 통해 고양이에게 알려줄 수 있는 것은 무엇이 있을까요? 바로, 사람을 깨물거나 공격해서는 안 된다는 것을 알려주는 것입니다. 앞에서 손을 물지 않도록 하는 4가지 원칙을 소개했습니다. 놀이가 격해져서 고양이가 사람을 깨물거나 공격하면 4가지 원칙에 따라 즉시 놀이를 중단하고 자리를 피해야 합니다. 이를 통해 고양이는 깨물면 집사가 싫어하고 놀이가 중단되어서 결국 자신에게도 좋을 것이 없다는 것을 배우게 됩니다.

113쪽 참고
🐾 고양이가 손을 물지 않도록 하는 4가지 원칙, 다시 공부해봅시다.

아기 고양이가 깨무는 것을 배웠다고 해서 성묘가 된 이후에 하루 종일 집사를 물고 다니는 것은 아닙니다. 하지만 정말 필요한 순간에 이런 고양이들은 집사를 심하게 물 수 있습니다. 예를 들어 아파서 약을 먹이거나, 파고든 발톱을 잘라야 할 때 말이지요. 똑같은 상황에서 반항을 하더라도 물지 않는 고양이들이 훨씬 많습니다. 이런 차이는 아기 고양이 때 집사가 어떻게 길렀는지에 의해 크게 좌우됩니다.

\ 아기 고양이에게도 놀이 원칙은 중요해요! /

아기 고양이들은 시도 때도 없이 놀기 때문에 집사가 놀이 원칙을 지키는 것을 잊기 십상입니다. 하지만 아기 고양이와 놀아줄 때에도 놀이 원칙을 최대한 잘 지켜주는 것이 좋습니다. 그렇지 않으면 어릴 때에는 잘 놀더라도 커가면서 자연스레 활동력이 떨어질 때에 놀이에 대해 더 이상 흥미를 가지지 못하게 될 수 있습니다. 따라서 우리가 배웠던 대원칙들을 그대로 따르도록 노력해야 하는 점을 잊어서는 안 되겠습니다.

50쪽 참고
🐾 스마트한 집사라면 놀이 원칙을 꼭 기억하세요.

\ 아깽이의 활동 시점에 놀아주세요 /

단, 놀이 원칙을 지키는 경우에도 주의할 점은 있습니다. 이 고양이들이 아직 어린이라는 점입니다. 너무 지치거나 피로하면 아프기 쉽습니다. 따라서 내가 정해놓은 시간에 아기 고양이가 자고 있다면 깨워서 놀아주는 것은 좋지 않습니다. 그보다는 고양이가 놀고 싶어할 때를 노려서 놀아주어야 합니다. 성묘, 아깽이 모두 고양이가 놀고 싶어할 때 놀어주어야 충분한 효과를 거둘 수 있습니다.

평소 고양이의 하루 일과를 잘 관찰해서 고양이가 가장 많이 놀고 싶어할 때를 집사와의 놀이 시간으로 정하는 것도 좋습니다. 보통 이 시간대가 이후에 고양이가 자랐을 때에도 가장 많이 활동하는 시간일 가능성이 높기 때문입니다.

141쪽, 143쪽 참고
🐾 고양이 놀이는 수면에도 도움을 줘요!

 Q&A

아깽이가 새벽에 우다다가 너무 심해요

✉️ 4개월령 암컷 고양이를 키우고 있습니다. 혼자서는 심심해하는 것 같아서 최근 한 마리를 더 입양했는데요. 둘이서 함께 놀면서 에너지를 소비할 줄 알았는데 새벽에 오히려 미친 듯이 우다다를 해서 도무지 잠을 잘 수가 없습니다!

고양이 혼자서 하는 놀이 중 가장 대표적인 것이 바로 흔히 말하는 '우다다'입니다. 특히 어린 연령의 고양이들이 밤마다 우다다를 많이 하는 경우가 흔합니다. 문제는 이 고민처럼 고양이의 우다다가 너무 심해서 집사가 도무지 잠을 이루지 못하는 경우입니다. 고민 끝에 다른 친구를 만들어주었는데, 다른 친구 역시 어린 고양이이기 때문에 되려 둘의 놀이력이 시너지 효과를 거두어 더 심하게 우다다를 하는 모양입니다. 어린 아이도 혼자보다 친구가 있을 때 더 활발하게 노는 것과 마찬가지지요.

사실 지금의 경우에서 보듯이 고양이를 사람이 직관적으로 이해하고 문제를 해결해보려 해서는 실패하는 경우가 많습니다. 고양이는 사람과 친밀하지만 사뭇 다른 존재이기 때문입니다. 따라서 우리가 앞에서 배웠듯 고양이에 대해 제대로 이해하고 그에 대한 해결책을 모색하는 것이 좋습니다. 그렇다면 이렇게 우다다가 심한 경우에는 과연 어떻게 해주어야 고양이들의 에너지를 조금이나마 잠재울 수 있을까요?

🔖 자기 직전, 30분 이상 열정적으로 놀아주기

첫 번째로는 자기 직전에 고양이와 30분 이상 한껏 놀아서 진을 빼놓는 방법이 있습니다. 앞서 언급된 바와 같이 고양이는 주야행성 동물로 본능적인 사냥 시간인 저녁이나 밤, 새벽 시간대에 가장 활동성이 높아집니다. 때문에 어린 고양이의 우다다도 주로 밤이나 새벽에 심한 편입니다. 이 시간대가 오기 전에 열정적으로 고양이와 놀아주면 막상 밤이 왔을 때 힘이 빠져서 이전보다는 적게 우다다를 할 가능성이 높습니다. 활력이 아주 높다면 이른 저녁에 한 번, 자기 전에 한 번 강도 높은 놀이를 하는 것이 좋습니다.

🔖 먹이 포상을 든든하게 해주세요

두 번째는 반드시 먹이 포상을 배불리 해야 한다는 점입니다. 고양이의 활동 욕구는 사냥과 거의 일치하기 때문에 배고플 때에 촉발되는 경향이 높습니다. 따라서 주간에 자율 급식 등으로 급여를 하더라도 저녁과 밤 놀이 시간 이후에는 습식 사료 등을 이용해 거한 성찬을 차려주어서 고양이가 배불리 먹도록 유도하는 것이 좋습니다. 이렇게 배가 부른 고양이는 확실히 밤에 꿀잠을 자는 경향이 있습니다.

물론 이 방법만으로 고양이가 우다다 하는 것을 완전히 없앨 수는 없습니다. 또한 어린 시절 우다다는 고양이의 발달을 위해 필수적이므로 완전히 없앨 필요도 없습니다. 다만 보호자가 수면이 너무 힘들다면 이런 방법을 통해 우다다의 강도를 조절해보는 것이 좋습니다. 한편 우다다는 주로 어린 나이에 심하게 하기 때문에 1살이 넘어가면 점점 그 수위가 낮아지기 때문에 조금만 인내한다면 고민이 해결될 수 있습니다.

 **Q&A**

고양이가 밤마다 문을 긁어서 잘 수가 없어요

샴 고양이와 함께 사는 집사입니다. 이제 2살된 수컷인데 밤만 되면 안방 문을 너무 긁어서 도저히 잠을 잘 수가 없습니다. 놀이가 좋다고 해서 매일 한 시간씩 놀아주기도 했는데 소용이 없습니다. 밤마다 문을 긁는데 어떻게 할 방도가 없을까요?

사실 집사의 수면을 방해하는 것은 어린 시절의 우다다만 있는 것은 아닙니다. 어린 고양이가 아니더라도 이 사연처럼 고양이가 집사의 수면을 방해하는 경우는 흔한데요. 과연 왜 그럴까요? 이런 고양이의 가장 큰 목표는 바로 집사를 깨우는 것입니다. 만약 낮에도 문을 긁거나 문에 집착하는 행동을 한다면 스크래칭과 관련된 문제일 수도 있지만, 밤에만 이런 행동을 보이는 경우에는 고양이의 '야간 행동 장애'로 보아야 합니다.

고양이 입장에서는 집사가 자고 있는 시간대가 주요한 활동 시간대로, 혼자서 보내려니 무료하기 짝이 없습니다. 때문에 집사를 어떻게든 깨워서 자신의 심심함을 달래려 하는 것입니다. 때문에 집사가 일어나서 화를 내거나 꾸중을 하더라도 고양이 입장에서는 혼자 무료하게 있는 것보다는 훨씬 낫다고 생각될 수 있습니다. 그렇다면 이때 가장 좋은 방법은 무엇일까요?

🔖 고양이가 문을 긁어도 무시하세요

바로 '무시'하는 것입니다. 고양이가 아무리 야옹거리며 문을 긁어도 잠에서 깨지 않은 척 그대로 누워 있는 것이 좋습니다. 처음에는 고양이는 더욱 가열차게 이런 행동을 할 수도 있습니다. 왜냐하면 이전까지는 문을 긁거나 했을 때 집사를 성공적으로 깨워왔기 때문입니다. 이렇게 행동이 강화되는 것을 '소거 폭발'이라고 합니다. 하지만 고양이가 더욱 폭발적으로 문을 긁어대더라도 눈을 꼭 감고 무시해야만 합니다. 이렇게 충분한 시일이 흐르면 고양이는 점차 문을 긁는 것을 포기하게 됩니다.

🔖 임시방편이 필요하다면?

무시하는 동안 문을 긁는 것이 너무 심하다면 임시방편으로 문을 고양이가 싫어하는 재질의 것, 예를 들어 알루미늄 포일이나 양면 테이프 같은 것으로 덮어둘 수도 있습니다. 다만 이런 회피적인 방법으로 고양이의 문제 행동 자체를 교정할 순 없으니 유의해야 합니다.

🔖 잠을 자기 전에 충분히 놀아주세요

고양이의 심심함을 헤아려서 우다다를 하는 아기 고양이 사연과 마찬가지로 잠을 자기 전에 충분히 놀아주고, 잊지 말고 먹이 포상 또한 해주어야 합니다. 배가 불러야만 활동성이 줄어들고 보호자를 깨우려는 욕구가 줄어든다는 점을 잊지 마세요.

노령묘를 위한 놀이

고양이가 나이가 들면, 집사가 놀아주어도 예전만큼 놀지 못하는 것을 흔히 보게 됩니다. 이렇게 고양이가 예전에 비해 놀이에 시큰둥한 모습을 보이면 집사의 의욕도 함께 떨어지기 쉽습니다. '나이 들어서 이제는 더는 안 노나봐~' 이렇게 생각하고 오랜 시간 놀아주기를 단념한 집사들을 흔히 볼 수 있습니다. 하지만 사실, 나이 든 고양이에게도 놀이는 굉장히 중요합니다.

\ 고양이가 예전만큼 놀지 않아요 /

흔히 7살 이후를 장년, 10살 이후는 노령 고양이로 분류하는데, 노령이 되면 고양이의 시력, 청력, 근력 모두 예전에 비해 많이 떨어지기 때문에 놀이 욕구도 줄 뿐 아니라, 마음이 있어도 제대로 놀기 어렵습니다.

하지만 나이 든 어르신들이 건강 유지를 위해 산책과 운동을 하고, 치매 예방을 위해 고스톱을 치거나 외국어를 배우는 것처럼 나이 든 고양이를 위해서도 약하지만 꾸준한 자극이 계속 제공되어야 합니다. 이렇게 지속적인 환경 자극을 제공하는 것을 '환경 풍부화'라고 합니다.

노령묘일수록 다양한 놀이 환경을 만들어주세요

환경을 지속적으로 풍부화하려는 노력 없이 고양이를 방치해두면 고양이의 신체적 조건과 인지력은 빠른 속도로 쇠퇴하기 쉽습니다.

\ 고양이의 치매 : 인지 장애 증후군 /

고양이 역시 수명이 증가하면서 치매를 겪는 경우가 급증하고 있습니다. 보통 동물에서는 치매를 인지 장애 증후군(Cognitive dysfunctionsyndrome, CDS)이라고 하는데, 기억이나 판단력 등 다양한 인지 능력의 기능이 현저하게 떨어지는 상태를 말합니다. 고양이가 인지 장애 증후군이 있는 것이 아닌지 의심이 될 때에는 다음을 통해 체크해볼 수 있습니다.

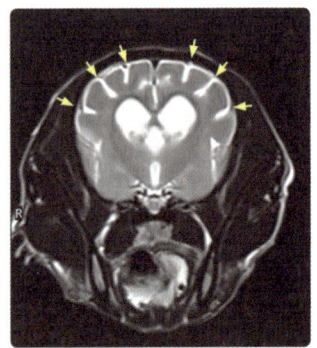

치매에 걸린 고양이 뇌 사진

인지 장애 증후군의 대표적인 증상

- 낮에는 하루 종일 자고 밤에 깨서 돌아다니고 큰 소리로 웁니다.
- 목적 없이 돌아다닙니다.
- 집의 테두리를 따라 돌아다니거나, 방의 구석이나 장해물을 피하지 못하고 갇혀 있습니다.
- 부적절한 장소에 배뇨하거나, 배변합니다.

- 보호자를 대하는 태도가 변합니다.
- 다른 고양이와의 관계가 바뀌었습니다.
- 밥 먹은 것을 잊고 밥을 계속 달라고 합니다.
- 밥을 덜 먹고 잠만 자거나, 반응성이 떨어집니다.
- 활력이 없고, 반응성이 떨어집니다.

\ 낮과 밤을 구분하지 못해요 /

고양이가 인지 장애 증후군에서 보이는 첫 번째 증상으로는 생체 리듬(circadian rhythm) 소실을 꼽을 수 있습니다. 즉, 정상적인 낮과 밤을 인식하지 못하는 것입니다. 때문에 고양이는 낮에는 하루종일 무기력하게 자다가, 밤이 되면 깨어서 목적 없이 돌아다니거나 큰 소리로 우는 모습을 보일 수 있습니다. 그런데 고양이는 원래가 주야행성 동물이기 때문에 보호자가 개에 비해서 이상 행동을 늦게 알아차릴 수 있기 때문에 주의가 필요합니다.

\ 방향성을 잃어요 /

두 번째는 특징은 방향성 소실(deorientation)입니다. 사람들도 치매에 걸리면 자기 집으로 가는 길을 잊어버린다거나 익숙한 곳에서 길을 잃기도 하는데, 고양이도 비슷한 증상이 나타날 수 있습니다. 익숙한 집 안에서 길을 잃는 것이지요. 평소 잘 이용하던 화장실이 아닌 곳에 배설을 하기도 하고, 목적 없이 집 안을 배회하거나 구석에 멍하게 있는 모습을 볼 수 있습니다. 엉뚱한 곳에서 울고 있는 등의 증세를 보이다가, 증상이 점점 심해지면 아무 이유 없이 집의 테두리를 따라 돌거나 원을 그리면서 도는 선회(circling) 증상을 보이기도 합니다. 선회를 하는 경우에도 처음에는 장해물을 피해서 돌지만, 증상이 점점 심해지면 장애물을 피하지 못하고 구석에 갇혀버리기도 하지요. 이런 모습을 보면 얼핏 고양이가 시력을 잃은 것이 아닌가 의심하는 집사들도 있는데 시력을 잃은 경우라면 보통 부딪힌 이후에 화들짝 놀라며 다음 걸음을 조심하는 경우가 대부분이지만, 인지 장애로 인한 경우에는 장애물에 부딪히고도 계속 걸어나가려는 점이 차이가 있습니다.

\ 집사를 대하는 태도도 바뀌어요 /

사람이나 다른 동물과의 관계에도 변화가 생길 수 있습니다. 어떤 고양이는 조금만 집사가 눈에 안 보여도 불안해하면서 야옹거리며 찾는가 하면, 다른 고양이는 보호자에게 굉장히 짜증을 내거나 공격성을 표하기도 합니다. 또 많은 수의 고양이는 외부 자극에 대해 매우 둔감해져서 보호자에게도 별 반응을 보이지 않고, 그루밍도 하지 않고, 음식에 대한 관심도 줄어들게 됩니다. 반면 일부의 고양이들은 밥을 먹은 뒤에도 밥 먹은 것을 잊고 밥을 또 달라고 하는 등 식욕이 과잉한 모습을 보이기도 합니다.

이처럼 고양이 치매는 고양이에 따라 상반되는 증상을 보이기도 하고, 또 노령에서 나타나는 다른 질환과 헷갈릴 수도 있습니다. 따라서 노령의 고양이는 평소 검진을 통해 아픈 곳이 없는지 먼저 확인을 해두는 것이 중요합니다. 이렇게 검사를 해보았을 때 다른 질병이 없는데도 고양이가 이상 증상을 보인다면 치매가 아닌지 의심해보아야 하고, 뇌 안에 생기는 다른 질환과 감별하기 위해 MRI 촬영이나 뇌척수액 검사와 같은 검사를 시도해볼 수 있습니다. 노령 고양이의 인지 장애 증후군 증상의 상당 부분은 단순 치매가 아닌 뇌종양, 뇌수막염 등 뇌 질환과 관련될 수 있기 때문에, 이런 경우에는 진단된 질환에 맞추어 치료를 하는 것이 효과적입니다.

151쪽 참고
🔖 인지 장애 증후군, 어떻게 치료할 수 있을까요?

\ 새로운 자극이 필요해요 /

그렇다면 고양이 인지 장애 증후군을 예방하기 위해 집사는 무엇을 할 수 있을까요? 앞서 소개한 것처럼 환경을 풍부하게 만들어주어야 하는데, 이때 가장 좋은 환경은 바로 놀이입니다.

인지 장애 증후군을 예방하는 놀이 환경 풍부화

- 집사는 고양이가 나이가 들었다고 해도 매일 놀아주어야 합니다.
- 나이든 고양이가 계속 탐색 활동을 하고 후각과 시각 등의 감각을 단련할 수 있도록 출근(외출) 전에 집 안 곳곳에 퍼즐 장난감을 숨겨줍니다.
- 종종 장난감을 새 것으로 바꿔주세요.
- 적당한 수준의 새로운 자극을 주는 것이 중요합니다.

\ 집중력과 감각을 일깨우는 노즈워크 활용 /

특히 집중력과 감각을 일깨우기 위해 밥을 줄 때 노즈워크 등을 이용하는 것이 적극적으로 추천됩니다. 노즈워크와 같은 놀이는 고양이의 집중력, 후각, 신체 사용 능력을 높여줄 수 있습니다. 이처럼 전체 놀이 중에서 노령 고양이의 낮아진 신체적 능력에 맞추어 정적이되 감각을 사용하는 놀이의 비율을 높여주는 것이 적당합니다.

노령묘를 위한 놀이, 환경 변화에 주의할 점
- 지나친 변화나 불안감을 줄 수 있는 놀이는 지양해야 합니다.
- 나이 든 고양이는 변화에 잘 대처하지 못하기 때문에 급격한 환경 변화는 환경 풍부화가 아니라 불안감 조성과 스트레스로 이어질 수 있습니다.
- 인테리어를 급격히 바꾼다거나, 갑작스레 새로운 고양이를 입양하는 등의 급격한 변화는 피하는 것이 좋습니다.

\ 노령묘 놀이 시간은 어떻게? /

노령의 고양이는 아무래도 신체적인 능력이 떨어지기 때문에 그에 맞게 놀이 원칙을 조절해주는 것이 필요합니다. 특히 놀이 시간과 관련해서는 1번에 30분은 노령묘에게 과할 수 있습니다. 이럴 때 놀이 흥미를 높이면서도 신체 활동을 충족시키기 위해서 1번에 15분씩 2번, 혹은 10분씩 3번 정도로 짧게 나누어 시행하는 편이 훨씬 좋습니다.

노령묘 놀이는 짧게, 자주!

1번에 15분씩, 2번씩 놀아줍니다.

10분씩 3번 노는 것도 좋아요!

\ 노령묘를 위한 집 안 환경 만들기 /

놀아주는 환경 역시 노령묘를 위해 배려해주어야 합니다. 젊었을 때에는 새처럼 뛰어올라 공중의 낚싯대 장난감을 낚아채곤 했지만, 이제는 관절염도 있고 기력도 없습니다. 때문에 다치지 않도록 바닥에 푹신한 매트(주로 요가 매트와 같이 미끄러지지 않는 매트)를 깔고 놀아주는 것이 좋습니다. 놀아주는 곳을 다면적으로 꾸며주되 난이도를 낮추기 위해서 올라가기 편하게 납작한 상자나 담요 같은 것을 두는 것도 좋습니다.

놀이뿐 아니라 노령묘를 위해서 평소 환경도 조절해주는 것이 좋습니다. 평소에 좋아하던 창문에 오르지 못한다면 오를 수 있도록 도와주어야 합니다. 위험할까 봐 못하게 하거나, 관심이 떨어졌다고 생각하고 내버려두어서는 안 됩니다. 고양이가 높은 곳에 오르려는 것은 본능적인 욕구이기 때문입니다. 따라서 좋아하는 창가나 소파, 높은 휴식처에 오를 수 있도록 오르막이나 계단을 설치해주세요.

\ 노령묘 용품 고르는 방법 /

먼저 관절염이 있는 노령 고양이가 많기 때문에 낮은 높이의 화장실을 마련해주면 좋습니다. 모래가 튀는 것이 꺼려진다면 입구 부분만 바닥에서 1~3cm 수준의 낮은 것을 준비해주는 것도 방법입니다. 또 예전처럼 고개를 숙여서 잘 먹지 못할 수도 있기 때문에 식기도 고양이가 불편해한다고 느껴진다면 밑에 받침대를 두어서 식기의 높이를 올려주면 좋습니다.

나이 든 고양이를 위한 납작한 화장실

\ 노령묘를 위한 휴식 공간을 만들어주세요 /

특히 다묘 가정이라면 젊고 어린 고양이들에게 치이지 않도록 별도의 휴식 공간, 은신처를 만들어주는 것도 필요합니다. 다른 고양이들이 주로 쓰지 않는 공간을 한곳 정해서 고양이가 평소 쓰는 담요를 깔아주고, 별도의 화장실, 식기 등을 (추가로) 갖추어준 뒤 따뜻하고 조도는 낮게 유지해줍니다. 가능하다면 캣 플랩 같은 것을 설치해서 다른 고양이들은 들어오지 못하도록 분리해주고, 휴식이 필요한 시간에는 다른 고양이들과 분리해서 데려온 뒤 쉴 수 있도록 배려해주는 것도 고려합니다.

고양이
인지 장애 증후군 관리법

병원에서 약물, 보조제를 처방 받아요

영국에서 시행된 연구에 따르면 15세 이상 고양이의 절반가량이 치매, 즉 인지 장애 증후군에 이환된 것으로 보고되었습니다. 이만큼 고령의 고양이에게 흔한 질환인데요. 고양이의 치매 증상에는 아주 다양한 증상들이 포함됩니다. 예를 들어 보호자에게 이유 없이 까칠하게 굴거나, 반대로 이전에 비해 지나치게 집착하는 모습을 보이기도 합니다. 음식을 잘 먹지 않거나, 이와는 반대로 음식을 먹고 나서는 마치 잊어버린 것처럼 또 음식을 먹는 모습을 보이기도 하지요.

146쪽 참고
🐾 인지 장애 증후군 증상, 다시 체크해보세요.

우리 고양이가 '인지 장애 증후군' 증상으로 진단된다면 사람과 마찬가지로 치매가 진행되는 것을 늦추는 약물들을 사용해볼 수 있습니다. 항산화제나 뇌의 신경전달물질에 작용하는 보조제들을 이용하는 방법들도 생각할 수 있지요. 이런 약들은 병원에서 진단 후 장기적으로 처방받아 투약하게 되며, 질병이 초기 상태인 경우에는 증상이 상당히 감소하는 것을 확인할 수 있습니다. 또한 여기에 항산화제, 오메가 3, L-carnitine 등이 포함된 보조제를 적용하는 것을 고려해볼 수 있습니다.

인지 장애 예방에 도움이 되는 항산화제 '액티베이트'

고양이 뇌도 시간이 흐를수록 나이가 들어요

하지만 치매에 있어서 가장 중요한 것은 사람과 마찬가지로 치매를 예방하는 것입니다. 나이 든 고양이의 집사들 중에는 제가 고양이가 치매 증상을 보이는 것 같다고 이야기하면 "병원에서만 이렇지, 집에서는 멀쩡해요!"라면서 적극적으로 부정하는 보호자들도 종종 있습니다. 아무래도 백내장이 생겼다거나 관절염이 있다는 말은 쉽게 수긍하시면서도 뇌에 노령성 질환이 왔다는 것은 부인하고 싶은 마음 때문일 것입니다.

하지만 뇌도 다른 장기와 마찬가지로 나이가 들면 노화되고, 젊을 때의 기능을 그대로 유지할 수 없다는 것을 받아들여야 합니다. 대신 최대한 이러한 변화가 적게, 또 천천히 올 수 있도록 잘 관리해주는 것이 더 바람직합니다.

놀이로 치매를 예방할 수 있어요

치매 예방에 있어 가장 중요한 점이 바로 '비만 방지, 환경 풍부화, 항산화 요법'입니다. 이 중 앞의 2가지는 주로 놀이를 통해 해결할 수 있습니다. 우리가 배운 바와 같이 놀이는 실내 고양이가 운동을 할 수 있는 최고의 방법입니다. 운동을 통해서 살이 찌지 않도록 젊을 때부터 관리해주는 것이 좋습니다. 또한 집 안에서 고양이의 환경을 풍부하게 해주는 최상의 방법 역시 놀이가 됩니다.

145쪽 참고

🐾 노령묘 놀이법을 통해 치매를 예방해요.

고양이 나이 계산은 어떻게 하나요?

고양이 나이 1살은 사람 나이로 15살, 2살은 24살, 이후부터는 1년이 지나면 4살씩 더하는 것이 국제 고양이 학회 등에서 기본적으로 쓰고 있는 나이 공식입니다.

고양이 나이 계산 공식

사람 나이 환산=24+(고양이 나이−2살)×4년
예) 7살 고양이라면, 24+(7−2)×4=44 즉 사람 나이로는 44살이 됩니다.

물론 사람이 50대여도 30대 같은 사람도 있고, 나이는 젊지만 외모는 노숙한 사람이 있는 것처럼 고양이의 나이 공식도 하나의 가이드로 작용할 뿐이지 절대적인 수치는 아니라는 점을 유념해주세요.

다묘 가정 놀이법

최근에는 여러 마리의 고양이를 키우는 다묘 가정을 쉽게 볼 수 있습니다. 특히 다묘 가정의 경우 놀이법에 대한 궁금증이 한 마리를 키우는 가정에 비해 더 많은 것 같습니다. 그중에서도 가장 흔하게 듣는 질문이 여러 마리 고양이를 키울 때 같이 놀아주는 것이 좋은지, 아니면 따로 개별적으로 놀아주는 것이 맞는지에 대한 질문입니다. 그럼 이 질문을 시작으로 다묘 가정 놀이법에 대한 궁금점을 하나씩 풀어가보도록 하겠습니다.

\ 같이 놀아줄까요, 따로 놀아줄까요? /

이 질문에 대한 답을 한 줄로 표현하자면 바로 '같이, 그리고 또 따로'입니다.
고양이끼리 서로 어울려 노는 것은 사람으로 치면 같이 놀러가는 것과 비슷한 일입니다. 사람들도 함께 좋은 곳에 가서 놀고 음식도 먹으면서 친해지지요. 고양이들이 같이 즐겁게 놀고, 놀이의 말미에 음식을 먹으며 좋은 시간을 공유하는 것은 서로 좋은 사이로 거듭날 수 있는 아주

같이, 그리고 또 따로 놀아주세요!

좋은 방법입니다. 따라서 놀이 과정에서 매번 고양이들끼리 싸움이 일어나는 경우가 아니라면 서로 함께 놀아주는 시간을 가지는 것이 유익합니다.

다만 이렇게 한 번 놀아주고 집사가 '다 놀아줬다!' 생각하고 더 이상 놀아주지 않는다면 고양이 입장에서는 불만이 생길 수 있습니다. 공동 놀이만으로는 놀이 욕구가 충만한 아깽이나 활력적인 고양이의 에너지를 채워주기에 부족하기 때문입니다. 이렇게 충족되지 못한 에너지를 다른 고양이를 향해 발산되면 고양이 간의 분쟁을 초래하기 쉽습니다. 또 소심한 고양이는 공동 놀이 시간에 움칫움칫 기분은 한껏 고조되었지만 실제로는 거의 놀지 못했을 수 있습니다. 따라서 두 마리 이상의 다묘 가정이라면 공동 놀이 이후에 개별적인 놀이 시간을 추가로 갖는 것을 권장합니다.

\ 사회적 그룹으로 나누어 놀아주기 /

같이 놀아주려고만 하면 싸우는 고양이가 있거나, 혹은 "우리 집은 고양이가 일곱 마리라서 한 마리씩 따로 놀아주는 것이 어렵다!" 하는 경우에는 어떻게 해야 할까요? 이럴 때에는 고양이들을 '사회적 그룹'으로 나누어서 놀아주는 방법을 택할 수 있습니다.

한 집에 사니까 우리 집 고양이들은 모두 하나의 사회적 그룹이라고 생각하는 집사들도 많지만, 안타깝게도 그런 경우는 드뭅니다. 단 두 마리를 키우는 경우라도 서로 같은 사회적 그룹에 속하지 않을 가능성도 꽤 많습니다. 앞에서 배웠듯이 고양이는 사회성에 앞서 독립적인 성향을 본능으로 가지고 있는 동물이기 때문입니다.

그렇다면 우리 집 고양이들 간의 사회적 그룹은 어떻게 확인할 수 있을까요? 서로 만나면 하악거리고 공격을 해야만 다른 그룹인 걸까요? 물론 그런 경우에 서로 같은 사회적 그룹이 아님은 분명하지만, 이런 적극적인 공격이 없다고 해서 고양이끼리 같은 사회적 그룹이라고 생각해서는 안 됩니다. 고양이는 적극적으로 싸우기보다 갈등이 있을 때 회피하는 것을 선호합니다. 때문에 두 마리가 싸우지 않는 것이 좋은 사이라는 것과 절대 동의어가 될 수 없습니다.

그렇다면 서로 다정한 사이, 그러니까 같은 사회적 그룹에 속한 고양이들은 어떤 행동을 보일까요? 가장 대표적인 행동은 다음과 같습니다.

사회적 그룹에 속해 있는 고양이들의 행동

- 서로 같은 곳에서 뭉쳐서 잠을 잔다.
- 함께 밥을 먹는다.
- 서로 그루밍을 해준다.
- 상대에게 몸을 스윽 비비는 행동을 한다.
- 상대에게 머리를 쿡 박는 듯한 행동을 한다.
- 상대에게 꼬리를 감아 만다.

40쪽 참고

 친한 고양이들끼리 보이는 행동, 기억하지요?

> **예외도 있어요!**
> 고양이들의 관계를 파악할 때에 있어서 주의할 점은 고양이들을 위한 자원이 한곳에 뭉쳐 있기 때문에 어쩔 수 없이 밥을 같이 먹거나, 같이 휴식하는 경우도 있을 수 있다는 점입니다. 이런 경우는 사이가 좋아서 함께 밥을 먹거나 잔다고 볼 수는 없습니다. 따라서 다묘 가정에서는 우선적으로 휴식 공간을 포함한 필수 자원이 여러 개의 구역으로 분리되어 배치되어 있는지 확인해야 합니다.
> 특히 밥을 줄 때에 식기는 따로 쓰더라도 밥 자체는 한 장소에 모아서 주는 경우가 많은데, 이럴 때 어쩔 수 없이 한곳에서 밥을 먹긴 하지만 고양이 간 긴장감이 높아질 수 있습니다. 따라서 밥을 줄 때에도 사회적 그룹을 확인해서 서로 다정한 사이라면 한곳에 음식을 제공할 수 있지만, 아니라면 다른 분리된 공간에서 밥을 주는 것이 더 좋습니다.

\ 고양이 그룹, 어떻게 만들어줄까? /

고양이들이 다정한 모습을 보이는지, 아니면 적대적인 행동을 하는지, 혹은 무관심한지에 따라 고양이들의 그룹을 지어줄 수 있습니다. 예를 들어 다음과 같이 다섯 마리의 고양이를 키우는 가정을 예로 들어봅시다.

건이, 혁이, 수나, 뻥이, 용이라는 고양이 5형제를 키우고 있는 집사입니다. 건이는 용이에게 그루밍을 해주고 잘 때 서로 껴안고 자는 등 사이가 좋아 보입니다. 용이는 건이뿐 아니라 뻥이에게도 그루밍도 해주고 살갑게 굴지만 건이는 종종 뻥이를 때리거나 마주치면 하악질을 하기도 합니다. 뻥이는 건이의 이런 행동에 꼬리를 내리거나 자세를 낮추어 도망가버리곤 합니다. 뻥이는 수나와 주로 시간을 보냅니다. 반면 혁이는 건이와 종종 싸움이 납니다. 건이는 혁이가 화장실을 가거나 정수기를 이용하려 하면 그 길목에 서 있다가 혁이를 덮치기도 합니다. 혁이는 다른 고양이와 있는 것을 즐기기보다는 냉장고 위에 올라가서 그루밍을 하며 하루를 보냅니다.

이 고양이들이 행동하는 것을 2주 정도 관찰해보았습니다. 이 가정의 사회적 그룹의 행동을 화살표로 표시해보면 다음과 같습니다.

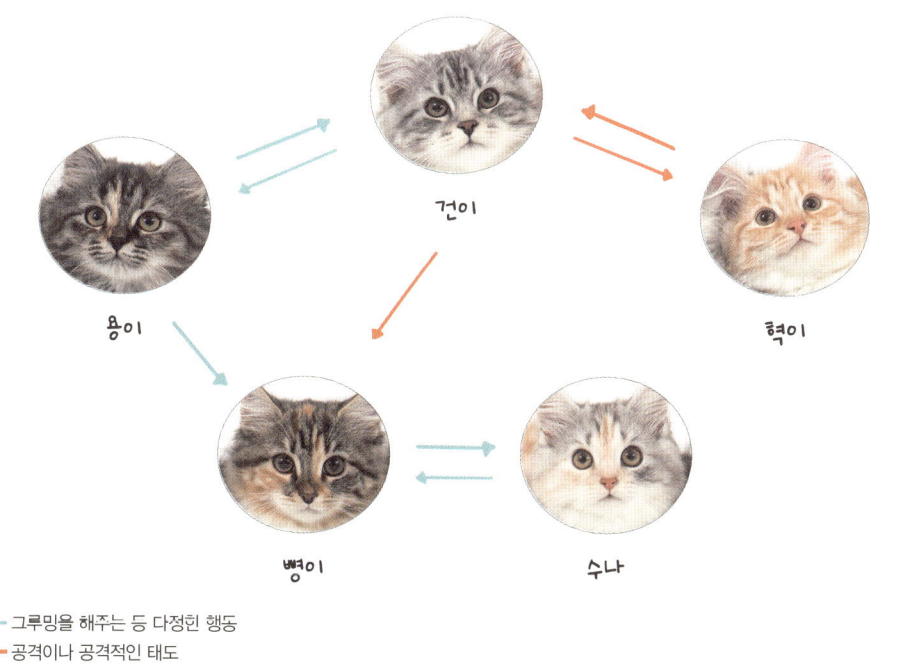

그리고 이를 바탕으로 다시 이들의 사회적 그룹을 나누어보면 다음과 같습니다.

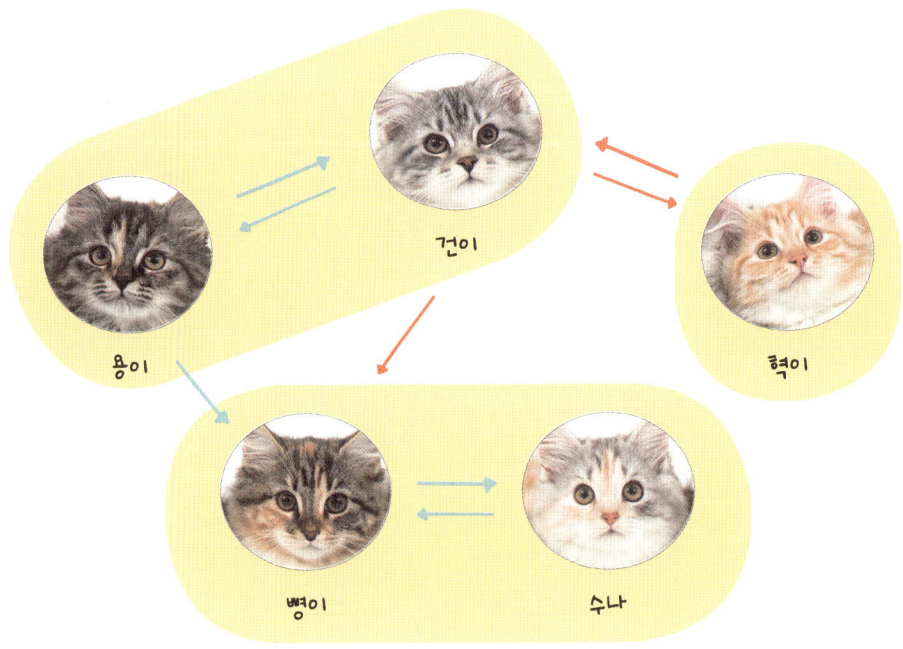

　　　고양이의 사회적 그룹

다섯 마리에게 놀이를 포함한 모든 것을 분리해서 제공하는 것이 어렵다면 위의 그림처럼 나누어진 3개의 그룹에 맞추어 제공하는 것도 하나의 방법입니다. 즉, 필수 자원을 '3군데+1곳'으로 나누어 분포시켜주는 것입니다. 특히 혁이와 같은 경우는 매우 독립적인 고양이 본연의 성격을 가지고 있는데, 높은 휴식처와 같은 것을 제대로 이용하지 못할 수 있기 때문에 잘 배려해주어야 합니다.

놀이 역시 이들 그룹으로 각각 나누어서 제공할 수 있습니다. 용이와 건이를 묶어서 같이 놀아주고, 뻥이, 수나를 함께, 그리고 혁이는 따로 놀아주는 것입니다.

\ 사회적 그룹은 바뀔 수 있어요 /

주의할 점은 이런 사회적 관계는 태어나서 죽을 때까지 늘 동일하게 유지되지는 않는다는 점입니다. 가장 주의할 시기는 어린 고양이가 성묘가 될 즈음입니다. 어린 고양이는 원래 엄마 고양이나 형제들과 함께 사는 사회적인 존재이기 때문에 다른 고양이들과 대체로 잘 어울릴 수 있습니다. 하지만 이 고양이들이 자라서 성묘가 되면 개체가 가지고 있는 기질이 뚜렷이 드러나게 됩니다. 계속 친화적인 관계를 유지하고 싶어 하는 고양이가 있는가 하면, 독립적이길 원하고 영역을 분리해서 사용하고 싶어 하는 고양이도 있기 마련이지요.

또 서로 간에 다툼이 발생한 이후에 갑작스레 관계가 나빠지는 경우도 흔합니다. 말로 자세히 오해를 풀 수도 없고, 고양이는 원래 독립적인 성향이 강하기 때문에 한 번의 다툼이 지속적인 관계 악화로 이어질 수 있습니다. 때문에 집사는 고양이들 간의 사회적 관계가 어떻게 변화하는지 늘 관심을 가지고 지켜보는 것이 필요합니다.

\ 따로 놀아주면 다른 고양이들이 방해해요 /

그런데 이렇게 고양이들을 분리해서 놀아주려고만 하면 다른 고양이들이 자꾸 방해를 해서 제대로 놀아주지 못하는 경우가 흔합니다. 소심한 둘째를 데려다 놀아주려 하면 막내가 자꾸만 훼방을 놓지요. 방에 들어가 문을 잠그고 놀아주려 해도 밖에서 문을 긁고 야옹대는 통에 소심한 둘째는 계속 겁을 먹고 밖의 동정을 살피느라 놀이에 집중하지 못합니다.

이런 경우에 사용할 수 있는 몇 가지 팁이 있습니다. 첫 번째는 먼저 공동 놀이를 하고 이후에 고양이들에게 성찬을 차려준 뒤 둘째만 몰래 다른 방 안으로 데려와서 놀아주는 것입니다. 하루 중 가장 맛있는 음식, 예를 들어 습식 사료 같은 것을 주어서, 다른 고양이들이 음식에 정신이 팔리도록 해줍니다.

두 번째는 문을 닫고 들어오기 전에 다른 고양이들이 집중할 만한 놀잇감을 주고 들어오는 것입니다. 움직이는 신상 장난감이나 고양이가 좋아하는 영상 같은 것을 틀어주는 것이 적당합니다.

마지막으로는 음악을 활용하는 방법도 있습니다. 방 바깥에서 음악을 틀어서 고양이들의 관심을 돌려줍니다. 동시에 방 안에서 발생하는 소음에 바깥쪽 고양이들이 현혹되지 않도록 해줍니다.

\ 다같이 재미있게 노는 방법 /

따로도 놀지만 같이 노는 것이 고양이들 간의 화합과 관계 증진을 위해서 도움이 되는 경우가 많습니다. 그렇다면 어떻게 같이 놀아주어야 좋을까요?

집사가 놀아줄 때에는 먼저 놀 공간을 다면적으로 꾸며주는 것이 좋습니다. 앞서 놀이의 원칙에서 배웠던 것처럼 고양이는 직선형의 사냥을 하기보다는 환경을 이용한 사냥을 즐기기 때문에 한 마리의 고양이와 놀 때에도 이렇게 다면적인 공간에서 노는 것이 더 좋습니다만, 다묘 가정에서 그 효과가 큽니다.

놀이 시작 전에 택배 상자 여러 개를 주변에 두고, 숨숨집이나 담요 같은 것도 끌어와서 놀이 무대를 준비합니다. 이렇게 설치해두면 활력적인 고양이는 박스를 딛고 새처럼 날아올라 마음껏 에너지를 발산할 수가 있고, 소심한 고양이는 박스 안에서 움찔움찔 기회를 엿보면서 공동 놀이에 참여할 수 있습니다.

또 집사는 마치 지휘자처럼 여러 개의 낚싯대를 이용해서 놀아줄 수 있습니다. 한 손에 2개 혹은 양손에 여러 개의 낚싯대를 들고 휘두릅니다. 혹시 다치지 않을까 염려하는 집사들이 있는데, 고양이는 굉장히 재빠르고 유연하기 때문에 걱정하지 않아도 됩니다.

또 고양이들이 몰려서 놀 수 있도록 신박한 장난감을 자주 꺼내주는 것도 좋습니다. 상자에 구멍을 뚫어서 간식을 넣어주거나 움직이는 장난감, 세숫대야에 띄운 탁구공처럼 고양이가 함께 놀 수 있는 장난감을 제공해줍니다.

 Q&A

둘째가 자꾸
첫째가 화장실 가는
길목을 지켜요

저는 네 마리 고양이를 키우고 있는 집사입니다. 네 마리 고양이 중에 두 마리는 원래 키우던 고양이였고, 이후에 형제인 두 마리 아깽이를 냥줍해서 셋째와 넷째로 들이게 되었습니다. 그때 둘째가 아기 고양이들을 돌보아서 아깽이가 성묘가 된 지금까지도 돈독한 사이로 지내는 반면 첫째는 혼자 지내는 시간이 많습니다. 그렇다 해도 네 마리 모두 특별히 싸우는 일 없이 잘 지내고 있는데요. 최근 들어 이상한 행동을 관찰하게 되었습니다.

첫째가 화장실을 갈 때면 자꾸 나머지 아이들이 그 길목을 지키고 있는 것입니다. 그 때문에 첫째가 화장실 가는 걸 망설이는 것 같아서 제가 다른 고양이들을 막아주곤 합니다. 그러면 첫째는 잽싸게 화장실을 사용하고 후다닥 뛰어나오고요. 나머지 셋에서 첫째에게 자꾸 장난을 치는 것 같은데, 첫째가 화장실 가는 것을 힘들어하니 곤란합니다. 대체 왜 그러는 걸까요?

다묘 가정에서 다른 고양이가 화장실, 밥이나 물 그릇 등 필수 자원을 이용하지 못하도록 막는 것, 즉 블로킹을 자주 볼 수 있는데요. 이것은 106쪽 Q&A에서도 언급한 적이 있지요? 대표적으로 다묘 가정에서 고양이 간 분쟁이 있을 때 나타나는 행동입니다. 이와 비슷하게 고양이가 같은 사회적 그룹이 아닌 고양이에게 적대적으로 보이는 행동에는 다음과 같은 것들이 있습니다.

 사연 속 보호자는 고양이들 간에 직접적인 싸움이 없기 때문에 이들 사이에 큰 문제가 없다고 판단했지만, 이것은 안타깝게도 틀린 생각입니다. 고양이들은 3:1로 나뉘어져 있는 상태이고, 이런 상태가 악화되면 커다란 싸움으로 번지거나 회복할 수 없는 관계로 치달을 가능성도 있습니다.

다른 사회적 그룹에게 적대심을 보이는 행동

- 필수 자원을 이용하지 못하도록 방해하기
- 이동 통로나 문을 막고 지키기
- 똑바로 쳐다보기

따라서 고양이들이 하악질을 하거나 서로 뒤엉켜 싸우지 않더라도 위와 같은 모습을 발견하게 된다면 집사가 고양이들 간의 관계를 회복시켜주도록 노력해야 합니다. 일단 이와 같은 경우라면 집 안을 2개의 구획으로 분리하는 것이 좋습니다. 기존에 세 마리 고양이들이 사용하는 것과 별도로 하나의 구획을 마련하여 거기에 추가적인 필수 자원들을 갖추어서 첫째가 스트레스 없이 이용할 수 있도록 해주어야 합니다.

새로운 영역을 만들어주더라도 첫째가 단번에 새로운 필수 자원을 이용하지 않을 수 있습니다. 왜냐하면 고양이는 보통 익숙한 것을 사용하길 원하기 때문입니다. 이런 경우에는 기존의 위치에 화장실을 2군데 만들어서 천천히 이동시켜주는 식으로 적응시켜줄 수 있습니다. 혹은 새로 꾸며진 영역에 펠리웨이와 같은 합성 호르몬 제제를 사용해서 첫째가 사용하기에 친근감을 줄 수도 있습니다.

페로몬을 이용해서
고양이들을 사이좋게 만들어요

고양이 세상에서는 페로몬이 무척 중요해요

다묘 가정에서 고양이 간에 사이가 좋지 않을 때, 놀이 외에 쓸 수 있는 또 다른 방법으로 페로몬 요법이 있습니다. 국제 고양이 학회에서는 고양이를 위한 환경을 만들어줄 때 5가지 요소를 고려해주길 권장하는데, 그중 하나가 바로 '고양이에게 냄새가 중요하다는 점을 존중해서 환경을 만들어주어라.'입니다. 또 고양이 행동학에서 페로몬을 이용한 치료(pheromonatherapy) 역시 굉장히 중요한 부분을 차지하고 있습니다. 이만큼 고양이에게 후각은 굉장히 중요한 정보이고, 그 중 상대를 인식할 때에 페로몬은 굉장히 큰 역할을 합니다.

고양이의 언어, 페로몬

고양이 페로몬은 주로 고양이를 만져주었을 때 좋아하는 부위에서 분비됩니다. 귀 아래 털이 적은 부위, 눈 옆, 눈 아래쪽 뺨, 입 옆, 그리고 꼬리가 연결되는 엉덩이 부분이 대표적입니다. 고양이들은 서로 다정한 사이에는 얼굴이나 몸을 부비면서 서로의 냄새와 페로몬을 공유하면서 같은 그룹의 일원임을 확인합니다.

페로몬으로 서로 사이좋게 만들기

이를 모방해서 부드러운 수건 등을 이용해 고양이의 얼굴을 부드럽게 문질러 냄새를 묻힙니다. 그리고 이 수건으로 상대의 몸을 쓱쓱 문질러서 페로몬을 묻혀줍니다. 고양이가 거부감을 보이지 않는다면, 냄새를 맡게 하고 얼른 포상해서 냄새에 대해 좋은 기억을 심어줍니다. 이 과정을 상대 고양이에게도 시행합니다. 이를 통해 고양이는 상대 고양이에 대해 낯설다는 느낌보다는 익숙하고 친근한 느낌을 받을 수 있습니다.

대부분의 경우 수건으로 얼굴을 쓰다듬어주면 고양이는 대부분 까슬까슬한 감촉으로 마사지 받는 느낌을 즐기기 때문에 어려움 없이 페로몬을 얻을 수 있습니다. 하지만 만약 손길을 즐기지 않는 고양이라거나 이런 방법을 쓰기 어려운 경우에는 시판되는 제품을 이용할 수 있습니다. 병원 입원실에서도 고양이들의 불안감을 줄여주기 위해 페로몬 제제를 사용한답니다.

합성 페로몬 제품 소개

가장 대표적인 합성 페로몬 제제는 펠리웨이라는 제품입니다. 현재 생산되고 있는 펠리웨이는 크게 펠리웨이 클래식과 펠리웨이 프렌즈, 펠리스크래치라는 제품이 있습니다. 펠리웨이 클래식은 고양이 뺨에서 나오는 호르몬 중 영역과 관련된 F3 분획을 인공적으로 합성한 것입니다. 따라서 이 제품을 이용하면 고양이는 익숙한 영역에서처럼 안전한 느낌을 받을 수 있습니다. 고양이가 낯선 병원을 방문할 때나 이동장을 이용할 때에도 크게 도움이 되고, 이사를 해서 고양이가 스트레스를 받을 때에도 사용할 수 있습니다.

펠리스크래치는 제품명에서 알 수 있듯이 고양이 발가락 사이에서 분비되는 페로몬을 합성한 것으로 집 안에서 고양이가 스크래치를 하는 것을 줄여주기 위해 만들어진 제품입니다.

펠러웨이 프렌즈는 고양이 유선에서 나오는 페로몬을 합성한 것인데 불안감을 줄여주고 일신 상의 안정감을 줍니다. 즉, 이 제품의 취지는 두 마리 고양이를 직접적으로 친구로 만들어준다기보다 마음상의 안전감을 높여 같은 사회적 그룹이 아닌 다른 고양이를 좀 더 잘 받아들일 수 있도록 마음의 여유를 만들어주는 데에 있습니다. 만약 우리 집 고양이들이 친하지 않고 지속적인 긴장감을 보인다면 적극적으로 페로몬을 이용하는 것이 도움이 될 수 있습니다.

> **41쪽 참고**
> 🐾 고양이들이 서로 친하지 않을 때, 페로몬을 이용한 '고양이 단계적 소개법'을 참고하세요.

뚱냥이 다이어트 놀이법

'고양이 확대범'이라는 말이 애교로 쓰일 정도로, 이른 바 뚱뚱한 고양이가 칭송받는 시대입니다. 저 역시 뚱뚱한 고양이의 귀여움은 인정합니다. 하지만 그 때문인지 최근 많은 집사들의 눈이 뚱뚱함에 길들여진 것 같은 느낌도 받고 있습니다. 이때 놀이는 즐거운 다이어트 해결책이 될 수 있는데, 뚱냥이 다이어트 놀이법에 대해 알아보도록 하겠습니다.

\ 우리 집 고양이, 뚱뚱한가요? /

과연 어떤 몸매가 정상이고, 어느 정도 되면 뚱뚱한 걸까요? 실상 기준은 우리의 생각보다 상당히 가혹합니다. 다음은 고양이의 체형 가이드를 제시하는 신체 충실도 지수(Body condition score, BCS)입니다.

BCS는 1단계부터 9단계까지 있는데, 간단하게 나타내자면 아래와 같습니다.

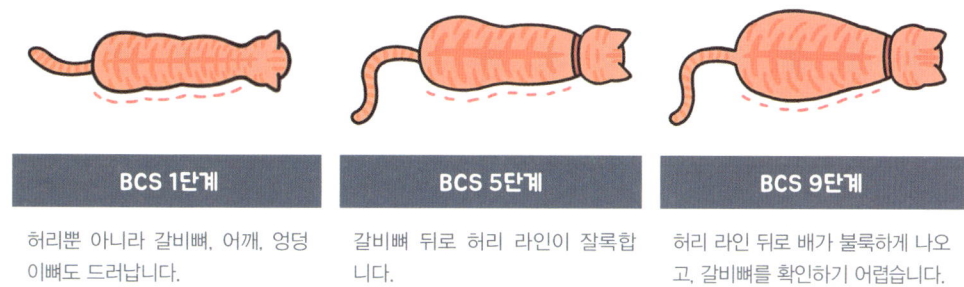

BCS 1단계	BCS 5단계	BCS 9단계
허리뿐 아니라 갈비뼈, 어깨, 엉덩이뼈도 드러납니다.	갈비뼈 뒤로 허리 라인이 잘록합니다.	허리 라인 뒤로 배가 불룩하게 나오고, 갈비뼈를 확인하기 어렵습니다.

BCS는 1에서 5단계, 혹은 1에서 9단계로 나누는데요. 9단계까지 나눈 것을 기준으로 보았을 때 정상은 가운데인 5단계가 됩니다. 하지만 정상보다 살이 찐 '과체중' '비만'의 경우가 더 흔합니다. 과체중은 6, 7단계에 속하는 경우로 위에서 내려다보았을 때 허리선이 소실되고, 갈비뼈 역시 힘을 줘서 눌러야 만져집니다. 과체중은 정상 체중의 11~19% 정도 몸무게가 초과된

상태를 말하고, 이때의 체지방은 대략 30% 정도 됩니다.

과체중보다 더 살이 쪄서 정상 체중의 20% 이상이 된 상태를 비만(BCS 8, 9단계)이라고 합니다. 비만 고양이의 갈비뼈는 힘을 주어도 만지기 어렵고, 위에서 내려다볼 때 유선형의 형태를 띠게 되죠. 이때의 체지방은 무려 40% 정도에 이릅니다.

정상적인 고양이 체형

- 위에서 내려다보았을 때 허리 라인이 잘록하게 들어가야 합니다.
- 옆으로 보았을 때 아랫배가 쳐져서도 안 됩니다.
- 옆구리를 스윽 만져보았을 때 갈비뼈가 만져져야 합니다. 이 느낌은 손등을 만져보면 쉽게 알 수 있습니다. 한 손에 주먹을 쥐고, 반대 손의 손가락으로 가볍게 손등을 좌우로 쓱쓱 만져보면 뼈가 만져지는 느낌이 듭니다. 고양이 늑골, 그러니까 갈비뼈가 이때와 비슷하게 '쉽게' 만져져야 합니다.
- 하지만 만져질 뿐 아니라 갈비뼈가 육안으로도 관찰된다면 정상보다 마른 것입니다.
- 엉덩이뼈나 어깨뼈가 드러나 보이는 경우는 지나치게 마른 것입니다.

\ 뚱뚱하면 놀지 않아요 /

지금까지 고양이의 체형을 보았는데요. 어떤가요? 지금 내 곁에 누워 있는 우리 집 고양이, 날렵한 5단계 체형을 유지하고 있나요? 북미에서 시행한 연구에 따르면 5~11살 고양이의 50% 정도가 뚱뚱한 것으로 밝혀졌습니다. 사실 저의 임상 경험을 바탕으로 보았을 때 한국의 경우도 그 이상의 고양이가 과체중 이상일 것으로 추정됩니다. 아마 지금 이 글을 읽으며 뜨끔하는 집사들이 많을 겁니다.

문제는 비만은 (귀엽긴 하지만) 고양이 건강에 치명적이라는 점입니다. 비만은 어떤 면에서 개보다 육식 동물인 고양이에게 훨씬 큰 영향을 미칩니다. 뚱뚱한 표범은 상상하기 어렵지요? 때문에 뚱뚱한 고양이는 제2형 당뇨나 고혈압과 같은 대사성 질환에 취약할 뿐 아니라, 고양이에게 흔한 췌장염이나 심장 질환, 신부전 등도 더 악화되기 쉽습니다. 특히 소심한 고양이들(다묘 가정에서 다른 고양이들에게 왕따를 당해서 스트레스를 받는 고양이들)이 음식에 집착하는 경우가 많은데, 이런 경우 정신적으로도 이롭지 않습니다.

놀이와 관련해서도 비만은 직접적인 영향이 있습니다. 고양이가 놀지 않아서 상담을 해온 집사에게 가장 먼저 묻는 질문이 고양이의 체형입니다. 일단 몸이 무거워지면 놀기가 힘들어지기 때문이지요.

이것은 단순히 신체적으로 놀기 힘들기 때문만은 아닙니다. 대체로 비만해지는 과정에서 고양이의 다른 욕구는 거세되고, 먹는 욕구만 남기 때문에 이런 고양이들은 다른 것에 흥미가 없는, 즉 삶에 흥미를 잃어버린 상태가 되어 있는 경우가 많습니다.

\ 놀이는 곧 운동! /

사실 급여량을 줄이다 보면 고양이는 허기짐을 느끼게 되고, 초기에는 되려 움직이기 싫어할 수 있습니다. 그렇지만 이때에도 잊지 말고 운동, 즉 놀이를 시켜주어야 합니다. 이것은 다이어트 성공을 위해서 필수적입니다.

사실 운동이 하루 소모 에너지에서 차지하는 비율은 대략 30% 수준으로 절대적이지는 않습니다. (게다가 뚱뚱한 고양이들은 잘 움직이려 하지 않기 때문에 이보다 훨씬 적은 수준으로 에너지를 소모하겠죠.) 하지만 더 중요한 점은 하루 에너지 소모의 절대적인 부분을 차지하는 기초 대사 에너지가 바로 근육의 활동에 기인한다는 점입니다. 만약 밥만 줄이고 운동을 시키지 않는다면 어떻게 될까요? 근육량이 줄어들게 되고, 결국 기초 대사량이 줄어들게 되는 것이지요. 사람에게도 음식만을 줄였을 때 요요 현상이 쉽게 발생하는 것과 동일한 이치입니다.
그렇다고 고양이에게 PT를 끊어줄 수는 없습니다. 이럴 때 집사가 고양이를 다양한 방법으로 놀아주면서 움직이도록 만드는 것이 가장 좋습니다.

- 하루 15~30분, 주 5회 이상 운동하는 것이 반드시 필요합니다!
- 음식을 줄일 때는 되도록 퍼즐 장난감 안에 넣어서 고양이를 움직이게 합니다.
- 놀아줄 때 고양이가 심드렁하면, 30초 단위로 끊어서 놀아주세요.
- 하루 급여량 중 일정량의 사료를 놀이 중 포상으로 줍니다.

잘 놀지 않는 소극냥이를 위한 놀이법

고양이 놀이법 강연을 나갔을 때 가장 흔히 듣게 되는 질문이 바로 "놀아주어도 놀지 않는데, 어떻게 해야 하나요?"라는 질문입니다. 사실 이 질문과 답에는 우리가 지금까지 배워왔던 모든 내용이 집약되어 있습니다. 그간 배웠던 내용들을 떠올리면서 질문에 대한 답을 같이 찾아보도록 하겠습니다.

\ 혹시 아픈 건 아닌지 체크해요 /

먼저 고양이가 몸이 좋지 않아서 놀지 않는 것은 아닌지 먼저 고민해보아야 합니다. 예를 들어 노령 고양이에는 관절염이 흔한데, 관절염으로 통증이 심한 고양이라면 당연히 놀이에 응하지 않을 수 있습니다. 또 신부전이나 간질환 등으로 기력이 쇠한 경우, 심부전으로 호흡에 문제가 있는 경우 등에도 고양이가 놀고 싶은 마음이 들지 않습니다.

따라서 고양이가 갑자기 잘 놀지 않거나 활력이 떨어진 경우에는 반드시 아프지 않은지 의심해보아야 하고, 만약 이상이 있다고 느껴진다면 반드시 병원을 찾아 검사를 받아보길 권합니다. 고양이는 야생의 본능이 살아 있는 동물이기 때문에 아픈 티가 잘 나지 않습니다. 집사에게 아픈 것을 호소하는 대신 구석에 들어가 혼자 있는 것을 택하는 경우가 많습니다. 따라서 의심되는 경우에는 늦지 않도록 미리 체크를 하는 편이 훨씬 안전합니다.

\ 아픈 게 아니라면, 왜 놀지 않을까? /

아픈 것이 아니라면 우리 집 고양이는 왜 잘 놀지 않을까요? 거기에 대한 답으로 어떤 것들이 떠오르나요?

물론 성묘가 되어서도 아깽이 시절과 동일하게 노는 것은 아니지만, 저녁 나절 한두 차례 노는 것은 노령묘 이전의 성묘라면 즐겨해야 하는 것입니다. 만약 그렇지 않다면 다음 항목에 해당되는 것이 있지 않은지 한 번 체크해보세요. 아마 한두 개 정도는 걸리는 것이 있을 겁니다.

고양이가 놀지 않을 때 체크 리스트

- 어릴 때 이후에 꾸준히 놀아주지 않았다. ☐
- 장난감이나 낚싯대를 자주 바깥에 방치해두었다. ☐
- 나이 들고 나서는 새로운 장난감을 주기적으로 바꾸어주지 않았다. ☐
- 고양이가 놀고 싶은 때가 아닌, 내가 시간이 될 때 놀아주었다. ☐
- 놀이가 사냥을 적절히 표현하지 않았다. ☐
- 놀이 후에 먹이 포상을 하지 않았다. ☐
- 고양이가 뚱뚱하다. ☐

소극냥이의 놀이 흥미 끌어올리기
- 놀고 싶어할 때 놀아주기
- 캣닢 활용하기
- 놀이에 집중할 수 있는 환경 만들기
- 집사의 연기 실력 발휘하기

가장 기본은 우리가 배웠던 놀이 원칙을 제대로 따르는 겁니다. 그것을 철저히 지키는 것이 왕도입니다. 이를 테면 '국영수를 중심으로, 예습과 복습을 철저히 하는 것'과 같은 셈이지요. 다만 고양이들의 놀이 흥미가 너무 떨어져 있는 경우에는 왼쪽의 방법을 이용할 수 있습니다.

\ 고양이가 놀고 싶어할 때를 캐치하기 /

놀 마음도 없는데, 고양이를 구슬리는 것은 정말 어려운 일입니다. 따라서 고양이가 놀고 싶어할 때를 노려서 놀아주는 것이 가장 좋습니다. 일반적으로는 배가 고플 때가 좋습니다. 보통 배가 고플 때 사냥 욕구가 생기기 때문에 밥을 다 먹인 뒤에 놀아주는 것은 놀이 욕구를 불러일으키는 데에 그다지 좋은 방법은 아닙니다. (고양이들이 늘 배부르기 때문에 놀지 않는 것일 수도 있습니다.) 또 저녁이나 밤, 새벽이 고양이의 본능적인 활동 시간이기 때문에 이 무렵이 가장 좋습니다.

꼭 이때가 아니더라도 고양이의 자세를 보면 고양이가 놀고 싶어 하는지 알 수 있습니다. 고양이가 만약 놀고 싶어하는 자세를 취한다면 바로 그때를 노려 낚싯대를 꺼내 드는 것이 좋습니다. 물론 어릴 때만큼 이런 자세를 취하는 것을 자주 볼 수는 없겠지만, 만약 이런 시그널이 느껴진다면 지금이 고양이가 놀고 싶은 마음이 들었다는 시그널입니다.

52쪽 참고

🐾 고양이가 놀고 싶어 하는 자세

\ 캣닢, 마따따비를 적극 활용하기 /

만약 고양이가 좀처럼 흥이 나지 않는다면, 캣닢과 마따따비를 적극적으로 이용해보는 것도 행동학자들이 추천하는 방법입니다. 고양이 마약이라는 말처럼 고양이를 특별한 부작용 없이 흥분시키고 즐거운 상태로 만들어줄 수 있기 때문입니다.

단, 우리가 배웠듯이 캣닢의 작용은 10~15분이면 사라지기 때문에 놀기 직전에 고양이에게 제공해서 고양이가 흥분된 기분이 되면 놀이로 이어갑니다. 놀이가 끝난 뒤에는 다시 수거해서 밀봉 후 보관을 해야 향이 잘 보존되어서 다음번에도 좋은 효과를 낼 수 있습니다. 아무 때나 캣닢 쿠션 같은 것을 안겨주면 내성을 유발해서 점점 반응이 떨어질 가능성도 있기 때문에 1주일에 2~3번 정도 간헐적으로 제공하는 것을 추천합니다.

- 놀기 직전에 고양이 흥미 유발을 위해 사용해요.
- 1주일에 2~3번 정도 제공하는 것이 좋아요.
- 놀이가 끝난 후에는 향이 잘 보존되도록 밀봉해서 보관해요.

128쪽 참고

🐾 캣닢, 마따따비 활용법에 대해 복습해봅시다.

\ 놀이에 집중할 수 있는 환경 만들어주기 /

더러 놀지 않는 고양이에 대한 상담을 하다 보면 너무 소심해서 주변에 다른 고양이가 있거나 바깥에 소음이 있는 경우에 주변을 경계하느라 놀지 않는 경우도 있습니다. 전에 배웠듯이 고양이는 주변에 경계하는 대상이 있는 경우에 포식성의 놀이를 하지 않습니다. 놀이를 할 때가 아니라 주변이나 위험하다고 생각되는 대상을 감시해야 한다고 생각하기 때문이죠.
때문에 만약 우리 고양이가 소심해서 잘 놀지 못한다고 생각이 되는 경우에는 고양이를 조용하고 다른 고양이나 사람이 방해하지 않을 만한 공간으로 데려갑니다. 고양이에게 시간을 주어서 탐색을 한 뒤 안정감을 찾으면, 놀이를 시작합니다.

\ 집사, 최고의 연기자가 되자! /

고양이가 잘 놀지 않아서 고민인 친구가 있었습니다. 그 집에 고양이를 보러 놀러갔을 때 놀지 않는 이유를 단번에 알아차릴 수 있었지요. 친구가 정말이지 너무나도 무미건조하게 낚싯대를 획획 휘두르는데, 나도 재미가 없는데 이미 중년이 된 고양이가 그걸 과연 재미있게 느낄지 의문이 들더군요. 그래서 제가 직접 시연을 보여준 적이 있었습니다.
저는 일단 화장실에 숨어서 부시럭대는 소리를 조금 내다가, 낚싯대에 매달린 쥐돌이를 문틈으로 아주 조금만 빼꼼히 내밀었습니다. 이후 숨듯이 찌직 소리를 내면서 다시 숨겼다가 안쪽에서 탁탁탁 소리를 내었다가 살짝 꼬리를 내밀었다가를 반복했죠. 고양이는 마냥 웅크리고 있었지만 꼬리를 획획 휘두르고 뒷다리에는 힘이 들어갔습니다. 이후 눈동자가 중증도로 산동되더니 뛰쳐나왔습니다. 그때부터는 낚싯대를 휘둘러 침대 밑으로 숨었다가 다시 책상 밑으로 이동하고 날았다가 가구 틈으로 들어가면서 놀이를 지속했습니다. 활발하게 뛰어노는 고양이를 보며 친구는 우리 고양이가 이런 아이인줄 몰랐다고 하더군요.
이처럼 고양이와 놀아줄 때에는 집사가 혼신의 힘을 다해 설치류 연기를 펼치는 것이 좋습니다. 또 일단 고양이가 쫓기 시작하면 몸을 사리지 않고 이리저리 뛰면서 놀아주면 됩니다. 고양이와 노는 것이 사실 집사에게도 굉장히 재미있는 일이라는 것을 느껴보길 바랍니다.

\ 짧게, 자주 포상해주세요 /

집사가 아무리 노력해도 잘 놀지 않고 웅크리는 고양이들도 있습니다. 특히 비만한 고양이들이 이런 경우가 많습니다. 이런 고양이들은 저녁이나 밤 식사 전에 해당 끼니에 먹을 양을 미리 주머니에 준비한 뒤 놀이를 시작합니다. 고양이가 한창 배고플 때를 노려 앞의 과정을 거쳐 고양이를 유혹해 놀아주고, 짧은 시간마다 포상합니다. 보통 고양이가 싫증을 내기 전인 30초가량 놀아준 뒤 바로 사료를 두어 개 정도 주어서 포상하고, 바로 놀이로 이어갑니다.
이때 너무 큰 것을 주거나, 많이 주게 되면 먹는 것에 정신이 팔려서 다시 놀이를 하지 않기 때문에 먹고 바로 다시 집중할 수 있도록 작은 크기의 사료를 두어 개 주는 수준이 적당합니다. 이렇게 음식을 공급해주게 되면 고양이 입장에서는 놀면 포상을 받기 때문에 놀이를 긍정적으로 생각할 수 있을 뿐 아니라, 놀이 본연의 목적인 사냥을 하는 느낌을 받을 수 있어서 놀이에 대한 흥미를 점진적으로 끌어올릴 수 있습니다.

놀이 포상법

- 저녁이나 밤 식사 전에 식사량을 미리 준비한 뒤 놀이를 시작합니다.
- 고양이가 한창 배고플 때를 노려 고양이를 유혹해 놀아줍니다.
- 잘 놀지 않는 고양이라면 30초 정도 놀아주고, 사료 알을 2~4개 주어 포상한 뒤 다시 놀이를 이어갑니다.

\ 수개월 이상 노력해요 /

저 역시 고양이 교육을 위해 직접 노력해본 터라 집사들의 노고를 잘 알고 있습니다. 고양이 교육은 개에 비해서 훨씬 긴 시간을 주어야 합니다. 무리 동물인 개는 원래부터 무리의 지시를 배우고 따르길 원하는 동물이지만 고양이는 이런 욕구가 크지 않지요. 하지만 이런 점이 또 고양이의 매력이 아닐까요?

고양이가 다시 잘 놀 수 있도록 충분한 시간과 노력을 기울이길 바랍니다. 사실 노력을 들이는 시간이 길어질수록 '이게 과연 될까?' 하는 의문이 들기도 합니다. 진료실에서 직접 상담을 했던 경험에 비추어보았을 때 놀이를 통해 체형이 정상화되면서 대부분의 고양이는 이전보다 훨씬 잘 놀게 됩니다. 뿐만 아니라 놀이 시간 외에도 훨씬 활력적인 생활을 하는 것을 볼 수 있답니다.

PART 5
기특하다옹! 집사표 초간단 고양이 장난감 만들기

고양이를 위한 장난감은 집사가 직접 만들어줄 수 있답니다. 모양은 조금 예쁘지 않을 수 있지만 너그러운 고양이는 디자인에 크게 신경 쓰지 않습니다. 오히려 집사의 체취가 묻어 있고, 재질이 익숙하기 때문에 고양이가 더 좋아하기도 합니다.

★ **집사표 장난감을 만들 때 주의사항**
　① 가장 중요한 것은 바로 '고양이의 안전'이라는 사실을 잊지 마세요.
　② 장난감을 만들 때 고양이에게 위험한 재료를 써서는 안 됩니다.
　③ 놀이 과정에서 고양이가 장난감을 삼키지는 않았는지, 다치지는 않았는지, 반드시 집사가 세심하게
　　 관찰해야 합니다.

• Making for MY Cats •

휴지심으로
퍼즐 장난감 만들기

집사표 장난감의 가장 쉬운 첫 단계! 휴지심을 이용한 퍼즐 장난감입니다. 퍼즐 장난감이란 작은 구멍이 뚫린 장난감을 말합니다. 이 안에 작은 알갱이의 사료나 간식을 넣어두면 고양이가 뒹굴뒹굴 가지고 놀다가, 마치 퍼즐처럼 구멍에 간식이 딱 맞으면 간식이 나와서 고양이가 먹을 수 있도록 고안된 장난감입니다.

이 장난감을 만들며 자신감을 얻었다면 이 책의 여러 코너를 통해 점점 더 많은 장난감을 만들어보길 추천합니다. 집사는 장난감 만들기의 소소한 재미를 느낄 수 있고, 고양이는 더 많은 장난감을 얻을 수 있답니다.

46쪽, 88쪽 참고
🏷 퍼즐 장난감 활용법에 대해 자세히 알아봅시다.

준비물

휴지심, 펜, 칼, 스카치테이프, 작은 알갱이의 사료

1 휴지심 위에 간식을 대고 그보다 조금 더 크게 원을 몇 개 그립니다.

2 그린 원에 칼을 대고 구멍을 뚫습니다. 반대편도 돌려서 동일하게 몇 개의 구멍을 뚫습니다.

3 한쪽 끝을 오무려 닫고, 스카치테이프 등을 이용해 고정합니다.

4 반대쪽으로 사료나 간식 알갱이를 넣습니다.

5 간식을 넣은 상태로 반대쪽도 오무려 막아 스카치테이프로 고정합니다.

6 짠 퍼즐 장난감이 완성되었습니다. 생각보다 고양이가 잘 가지고 논답니다!

• Making for MY Cats •

고양이를 위한 휴식 공간, 숨숨집 텐트 만들기

고양이를 위한 자원 중에는 은신처가 있습니다. 뭐니뭐니 해도 가장 중요한 것은 고양이가 안전하다고 느끼는 환경을 만드는 것이지요. 집 안 여러 곳에 숨을 만한 공간이 충분히 있으면, 고양이는 안전하다고 느끼는 동시에 이곳저곳을 탐색하는 재미도 느낄 수 있습니다.

이런 은신처로 요즘 가장 많이 사용하는 숨숨집을 옷걸이와 헌 옷을 이용해 만들어줄 수 있습니다. 흔히 고양이 텐트라고 하는 것이지요. 만들기도 쉽고, 무엇보다 만들었을 때 고양이의 이용도가 아주 높습니다.

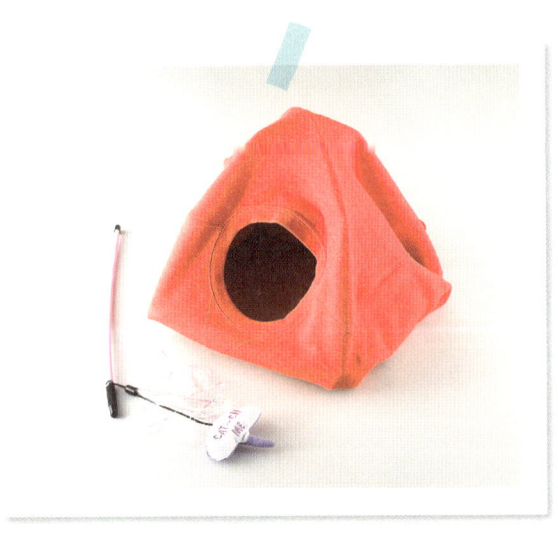

준비물

큰 택배 상자, 세탁소 옷걸이 2개, 라운드 티셔츠나 니트,

펜치, 송곳, 절연 테이프, 옷핀

1 큰 택배 상자의 한 면을 잘라 바닥을 만듭니다.

2 송곳으로 바닥의 네 모서리에 구멍을 뚫습니다.

3 펜치로 머리 부분을 잘라냅니다. 펜치로 자르는 경우에는 표시된 부분을 펜치로 꾹 힘을 줘 자국을 만든 이후에 손으로 접었다 폈다를 반복해서 잘라내면 됩니다.

4 이렇게 준비한 2개의 옷걸이를 모두 쭉쭉 폅니다. 만약 옷걸이를 자르기 힘들다면 꼬인 부분을 풀어서 모두 길게 쭉쭉 폅니다.

5 길게 편 옷걸이 하나를 상자의 대각선에 끼웁니다.

6 모서리는 펜치를 이용해서 납작하게 구부립니다.

7 구부린 부위는 절연 테이프를 이용해 단단하게 고정합니다.

8 나머지 옷걸이도 남은 대각선 부위에 똑같은 방법으로 끼워서 고정합니다.

9 두 옷걸이가 만나는 가운데 교차점을 테이프로 단단히 고정합니다.

10 완성된 텐트 골조에 준비한 티셔츠를 입힙니다.

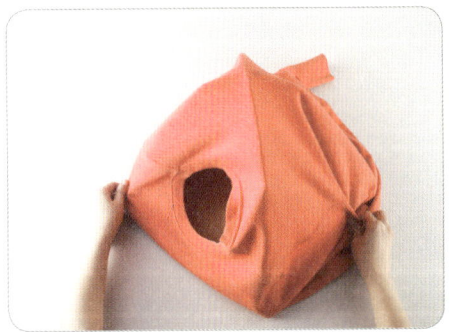

11 티셔츠의 목 부분이 입구로 오도록 위치를 조정합니다.

12 티셔츠의 남는 부분은 잘 접어서 옷핀으로 고정합니다.

집사 상식

기본 텐트 뼈대를 제공하는
숨숨집 텐트

옷걸이와 헌 옷을 이용하여 만든 집사표 숨숨집 텐트. 그런데 조립이 어렵거나 옷걸이를 구부리는 것을 힘들어하는 집사들도 있을 거예요. 손재주가 없다고 자신 없어하는 집사들을 위해 최근에는 더 쉽고 간단하게 숨숨집을 만들 수 있도록 기본 텐트 뼈대를 제공하는 제품들도 잘 나와 있습니다. 기본 뼈대에 집사의 옷을 씌우기만 하면 되는 구조이니 누구든 쉽고 빠르게 고양이 숨숨집을 만들 수 있습니다.

이미 만들어진 튼튼한 뼈대에 예쁜 천이나 집사의 티셔츠를 씌워주면 따뜻하고 아늑한 고양이 숨숨집이 완성됩니다.

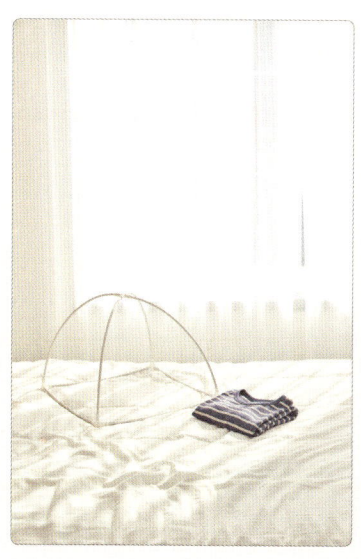 

사진 출처 :
스쿱(www.the-scoop.co.kr)

• Making for MY Cats •

펠트지로 요일별 낚싯대 만들기

집사가 고양이와 놀아주기에 가장 적당한 장난감은 바로 낚싯대 장난감입니다. 그런데 이 낚싯대 장난감은 하나만 있으면 되는 것이 아니라 고양이에게 사냥의 새로움을 선사하기 위해서 여러 종류를 두고 서로 번갈아 사용해야만 합니다. 요일별 낚싯대를 정해두고 놀아주는 방법이 가장 좋지만, 요일별로 서로 다른 낚싯대로 놀아주기 위해서는 꽤 많은 낚싯대가 필요하게 됩니다. 이럴 때 낚싯대의 몸체는 하나로 사용하면서 끝의 장난감만 바꾸어주면, 보관하는 공간도 줄이고 비용도 절감할 수 있습니다. 이런 방법으로 낚싯대 장난감을 여러 개로 만들어두거나, 기존에 사용하던 낚싯대에 질릴 즈음 새로운 장난감으로 바꾸어주는 것도 아주 좋습니다.

준비물

펠트지, 운동화 끈, 나무 젓가락, 펜, 가위, 송곳

1 펠트지에 펜으로 나뭇잎, 깃털, 물고기 등 원하는 도안을 그립니다.

2 가위로 도안을 오린 후, 겹쳐놓고 송곳으로 구멍을 뚫습니다.

3 안 쓰는 운동화 끈의 한 쪽에 매듭을 만듭니다.

4 구멍을 낸 도안에 차례로 운동화 끈을 꿰어서 매듭 부분으로 밀어넣습니다.

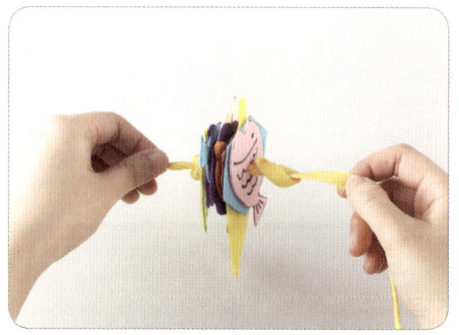

5 도안을 다 꿴 이후에는 고정을 위해서 다시 매듭을 만듭니다.

6 도안이 매달린 반대쪽 운동화 끈을 나무 젓가락에 단단하게 매어주세요. 완성된 낚싯대로 고양이와 놀아 줍니다!

• Making for MY Cats •

타워형 휴지심 노즈워크 만들기

노즈워크란 후각을 이용한 활동을 뜻합니다. 개뿐 아니라 고양이에게도 노즈워크는 감각과 집중력을 살리는 데에 도움이 되고 스트레스 해소 기능이 있습니다. 휴지심이나 생활에서 흔히 접하는 재료들을 이용해서 초간단 노즈워크 장난감을 만들 수 있습니다. 가장 간단한 방법은 휴지심을 겹쳐서 쌓아주는 것입니다.

준비물

휴지심, 상자, 스카치테이프, 작은 알갱이의 사료

1 휴지심과 휴지심을 스카치테이프로 고정합니다.

2 고정한 휴지심을 이용해 탑이나 원하는 모양을 쌓습니다.

3 단단하게 고정하기를 원하면 쌓은 휴지심을 박스에 넣어 벽이 붙입니다.

4 안쪽에 군데군데 사료나 간식 알갱이를 넣습니다.

• Making for MY Cats •

마분지로 노즈워크 만들기

두꺼운 마분지로 고양이 노즈워크를 더 쉽고 간단하게 만들 수도 있습니다. 고양이 몸짓보다 조금 큰 마분지 노즈워크를 바닥에 깔아 놓고 그 위에 사료를 숨겨 두면, 고양이가 발을 넣었다 뺐다 하며 사료를 탐색합니다.

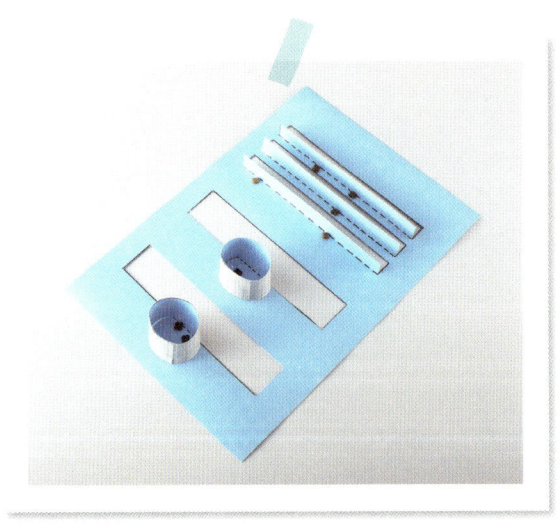

준비물

마분지, 자, 펜, 칼, 스카치테이프, 작은 알갱이의 사료

1 마분지에 1cm 간격으로 사진과 같이 선을 그립니다.

2 실선 부위를 칼로 자릅니다.

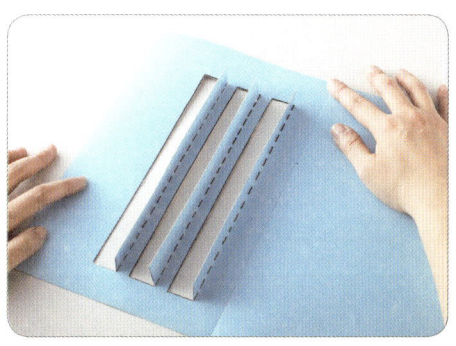

3 점선을 기준으로 자른 부분을 세우면 막대형의 노즈워크가 완성됩니다.

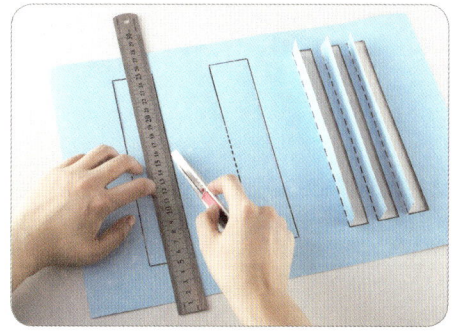

4 이번에는 원통 모양의 노즈워크를 만들어보겠습니다. 사진과 같이 도안을 만든 뒤 점선 부분은 남겨두고 실선 부분을 칼로 자릅니다.

5 자른 부분을 세워서 동그랗게 원통 모양으로 말아준 뒤, 스카치테이프로 고정합니다.

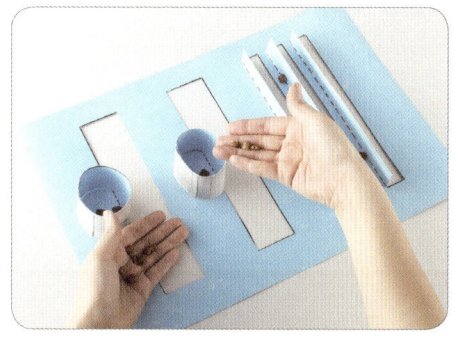

6 이런 방식으로 보드형 노즈워크를 만들 수 있습니다. 잘 미끄러지지 않는 바닥에 보드 노즈워크를 놓은 뒤 간식을 넣으면 완성!

• Making for MY Cats •

마분지와 휴지심으로 노즈워크 만들기

도안을 그려서 노즈워크를 만드는 것이 어렵다면, 휴지심으로 간단하게 보드형 노즈워크를 만들 수 있습니다. 휴지심을 다양한 모양으로 오린 다음에 사료나 간식을 넣어두면, 고양이가 이리저리 발을 넣어보면서 탐색 놀이를 시작합니다.

준비물

휴지심, 마분지, 가위, 풀, 스카치테이프, 작은 알갱이의 사료

1 가위를 이용해 휴지심을 다양한 모양으로 자릅니다.

2 마분지에 풀이나 스카치테이프로 휴지심을 붙입니다. 휴지심 이외에도 통으로 된 과자 각 등을 붙일 수도 있습니다.

3 이렇게 만든 보드형 노즈워크 사이사이에 고양이 사료 알갱이를 넣으면 끝! 참 쉽죠?

달걀판으로도 노즈워크를 만들 수 있어요

손재주가 없어서 이렇게 만드는 것도 어렵다 느껴진다면, 더 간단한 방법도 있습니다. 가장 간단한 노즈워크가 바로 달걀판 노즈워크입니다. 다 쓴 달걀판 중간중간에 사료를 몇 알갱이씩 넣으면 완성됩니다.

고양이가 냄새를 맡고 앞발을 이용해서 사료를 꺼내려고 하는데, 생각보나 쉽시 않습니다. 이런 과성을 통해서 고양이가 노력해서 음식을 먹도록 유인할 수 있습니다.

셔츠로 노즈워크 만들기

• Making for MY Cats •

오래된 셔츠나 담요를 이용해서 노즈워크 담요를 만들 수 있습니다. 셔츠는 보통 가을, 겨울용의 도톰한 티셔츠나 남방과 같은 것들이 적당해요. 만약 적당한 천이 없는데 직접 만들어주고 싶다면 폴라폴리스 원단이나 부직포 컬러 행주를 구입해서 이용할 수도 있습니다. 가장 간단하게 만드는 방법은 천에 여러 개의 주머니를 만드는 방법입니다.

준비물

입지 않는 오래된 면 티셔츠, 가위, 칼,

바늘, 실, 작은 알갱이의 사료

1 가위를 이용해 티셔츠의 등판 정도 크기로 바닥에 깔 부분을 잘라냅니다.

2 가위로 팔 부분 등을 사각형으로 자른 뒤 3면을 실로 꿰매서 주머니를 만듭니다.

3 혹은 4면을 꿰맨 뒤에 칼로 가운데 부분을 잘라서 틈을 만들 수도 있습니다.

4 이렇게 완성된 노즈워크 담요의 틈새에 사료나 간식을 끼워줍니다. 만약 고양이가 사용법을 잘 모른다면 고양이가 보는 앞에서 간식 알갱이 1개를 급여한 뒤 간식을 안쪽에 넣어서 사용법을 알려줄 수 있습니다.

다양한 노즈워크 DIY 제품들

바쁜 집사들을 위해서 더 간편하게 노즈워크 장난감을 직접 만들어볼 수 있는 DIY 제품들도 많이 출시되어 있습니다. 이 제품 역시 노즈워크 천 안에 사료를 숨겨두면 됩니다. 고양이가 집중력과 감각을 발휘하여 즐겁게 놀 수 있어요.

사진 출처 : 스쿱(www.the-scoop.co.kr)

• Making for MY Cats •

휴지심 공 만들기

고양이는 시각적인 자극을 통해 놀이에 대한 흥미를 갖습니다. 때문에 움직이는 장난감을 만들어주면 훨씬 좋아하지요. 간단한 방법을 이용해서 직접 움직이는 장난감을 만들 수 있습니다. 가장 초심자 코스인 휴지심을 이용한 공 만들기에 도전해보세요.

준비물

휴지심, 가위, 풀이나 스카치테이프

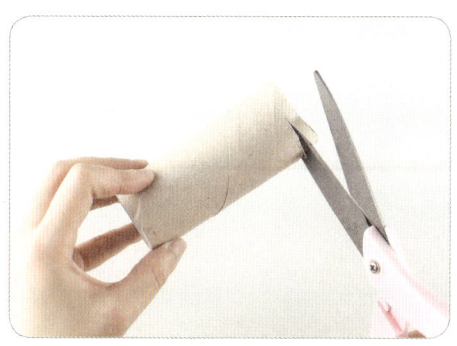

1 휴지심을 0.5cm 정도의 간격으로 잘라 링 모양을 만듭니다.

2 휴지심 링을 3~4개 만듭니다.

3 링을 겹쳐서 공 모양으로 만든 뒤 가운데 부분을 풀이나 스카치테이프로 고정합니다.

4 완성된 공을 굴려서 고양이와 놀아주거나, 낚싯대 장난감에 연결해서 놀아주면 완성!

• Making for MY Cats •

휴지심 바퀴 장난감 만들기

움직이는 장난감은 고양이의 시선을 끌지요. 휴지심으로 고양이 공 외에 바퀴 장난감을 만들 수 있습니다.

준비물

휴지심, 펜, 가위, 작은 알갱이의 사료

1 펜으로 휴지심의 양쪽에 문어발 도안을 그립니다.

2 도안의 실선을 따라 가위로 자릅니다.

3 자른 부분을 바깥 쪽으로 꺾거나 말아줍니다.

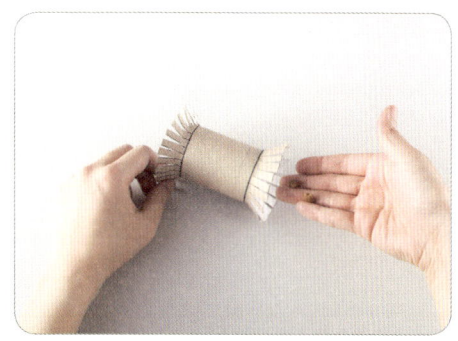

4 양쪽 모두 밖으로 꺾으면 바퀴처럼 움직이는 장난감이 완성됩니다. 그대로 굴리면서 놀아주어도 되고, 안쪽에 사료 알갱이를 넣으면 고양이가 더 재미있게 놀 수 있습니다.

• Making for MY Cats •

상자와 탁구공을 이용한 장난감 만들기

DIY 장난감으로 가장 유명한 것이 바로 상자 장난감입니다. 납작한 상자에 구멍을 뚫고 안에 탁구공과 같은 장난감을 넣어주는 것이지요. 간단한 형태이지만 고양이가 쥐나 곤충을 잡거나 탐색하는 방식과 비슷해서 아주 흥미로워합니다. 탁구공이 없다면 간식 조각이나 다른 장난감을 넣어도 좋습니다.

준비물

택배 상자 등 종이 상자, 작은 장난감 또는 탁구공,
낚싯대 장난감, 펜, 칼, 작은 알갱이의 사료

1 납작한 택배 상자를 준비해서, 윗면에 탁구공 정도 사이즈로 원을 여러 개 그립니다.

2 칼을 이용해 원 모양으로 구멍을 잘라냅니다.

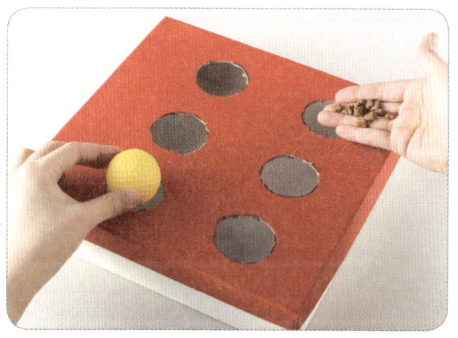

3 안쪽에 탁구공이나 장난감, 사료 알갱이 등을 넣습니다. 탁구공이 없을 때에는 은박지를 뭉쳐 공처럼 말아줄 수도 있습니다.

4 만약 고양이가 잘 놀지 않는다면 상자 옆면으로 낚싯대를 넣어 놀아주면서 고양이에게 사용법을 알려주어 흥미를 높일 수 있습니다.

상자에 구멍 뚫기가 어렵다면?

상자가 단단해서 구멍을 뚫기가 힘들다면, 조립식 상자 장난감 키트를 활용하는 것도 추천합니다. 이미 구멍이 뚫려 있는 상자를 조립한 다음, 그 안에 탁구공이나 부드러운 재질의 작은 공을 넣어주면 고양이가 무척 좋아합니다.

사진 출처 : 스쿱(www.the-scoop.co.kr)

•Making for MY Cats•

똥손 집사도 쉽게 만들 수 있는
택배 상자 스크래처

스크래처는 고양이 발톱 관리뿐 아니라 영역 표시를 위해 꼭 필요한 고양이 필수 자원입니다. 때문에 고양이 수보다 1개 더 많은 스크래처가 필요합니다. 또 고양이가 자주 사용하면 금방 해져서 새로운 것으로 교체해주어야 하는데, 이때 집사가 택배 박스를 잘라서 직접 스크래처를 만들어 줄 수 있습니다. 스크래처를 잘 미끄러지지 않는 바닥에 고정해서 쓰거나, 방문에 걸어서 수평형 혹은 수직형으로 다양하게 이용할 수 있답니다.

준비물

택배 상자, 자, 펜, 칼, 노끈이나 박스 테이프

1 펜을 이용해 택배 상자에 3cm 정도 간격으로 선을 그립니다.

2 칼로 선을 따라 잘라냅니다.

3 잘라낸 박스를 하나로 뭉칩니다.

4 양쪽 끝을 노끈으로 묶거나, 박스 테이프로 감으면 완성입니다! 혹은 다른 납작한 박스에 수납하듯이 넣어서 만들 수도 있습니다.

고양이에게는 하루 1시간 놀이가 필요해

초판 1쇄 발행 2021년 1월 27일 **초판 2쇄 발행** 2022년 2월 9일

지은이 김효진
펴낸이 이승현

편집1 본부장 배민수
에세이1 팀장 한수미
편집 김소정
디자인 조성미
일러스트 낭낭(양서영)

펴낸곳 ㈜위즈덤하우스 **출판등록** 2000년 5월 23일 제13-1071호
주소 서울특별시 마포구 양화로 19 합정오피스빌딩 17층
전화 02) 2179-5600 **홈페이지** www.wisdomhouse.co.kr

ⓒ 김효진, 2021

ISBN 979-11-91308-25-9 13490

* 이 책의 전부 또는 일부 내용을 재사용하려면 반드시 사전에 저작권자와
  ㈜위즈덤하우스의 동의를 받아야 합니다.
* 인쇄·제작 및 유통상의 파본 도서는 구입하신 서점에서 바꿔드립니다.
* 책값은 뒤표지에 있습니다.